Freya und das Halsband
der Brisinger
sowie weitere nordische Sagen

Neu erzählt und in REIME gesetzt von
Theodor Nebl

liebevoll illustriert von Uta Ehlers

FREYA UND DAS HALSBAND DER

BRISINGER

SOWIE WEITERE NORDISCHE SAGEN

Neu erzählt und in Reime gesetzt von

Theodor Nebl

liebevoll illustriert von Uta Ehlers

110 Grafiken, davon 42 farbig

Bibliografische Information der Deutschen Nationalbibliothek: Die Deutsche Nationalbibliothek verzeichnet diese Publikation in der Deutschen Nationalbibliografie; detaillierte bibliografische Daten sind im Internet über dnb.dnb.de abrufbar.

Impressum:
Copyright © 2025. Alle Urheber- und Nutzungsrechte verbleiben beim Autor. Abdruck, Vervielfältigung und Verwendung aller Bestandteile nur mit ausdrücklicher Genehmigung des Autors. Grafiken Uta Ehlers. Texterfassung Karin Wendt. Grafik-Digitalisierung und Satz Berthold Wendt Layout und Satz mit Papyrus Autor von R.O.M. LogicwareGmbH.
© 2025 Theodor Nebl
Verlag: BoD · Books on Demand GmbH, Überseering 33, 22297 Hamburg, bod@bod.de
Druck: Libri Plureos GmbH, Friedensallee 273, 22763 Hamburg

ISBN: 978-3-8192-4781-1

INHALT

FREUT EUCH AUF ...

FREYA UND DAS HALSBAND DER BRISINGER

In dieser Sage haben wir es
mit nordischen Göttern zu tun.
Die Göttin Freya mochte einst nicht ruhn,
bis sie das von den Brisingern
geschmiedete Halsband bekommen.
Einen schlimmen Verrat hat sie
dafür sogar auf sich genommen ...!

Seite 15

THIASI UND SKADI

Götter, die es sich erlauben,
einem Riesen sein Vieh zu rauben,
um es zu schlachten, zu braten
und ihren Hunger zu stillen,
verstoßen absichtlich gegen dessen Willen!
In Verrat, Mord und Sühne
artet all das aus!
Am Ende aber lernen wir etwas
für eine Ehestiftung
und Sterne am Himmel daraus!

Seite 31

DIE KLEINODE DER ZWERGE

Loki treibt üble Scherze, wie gewollt!
Dafür er sich vor Thor verantworten sollt.
Er verspricht, entstandenen Schaden
durch Kleinode (also wertvolle Dinge) auszugleichen,
und hofft, dies durch der Zwerge
Schmiedekunst zu erreichen!
Kaum, dass er diese hat bekommen,
hat er eine Wette aufgenommen.
Dabei geht es, wenn er verliert,
um seinen Kopf, sein Leben!
Muss er es dafür nun hingeben?
Wir wollen sehen, was nun passiert ...!

Seite 49

THORS RIESENABENTEUER
THORS KAMPF MIT DEM RIESEN RUNGNIR

Der Riese Rungnir und Odin, der Gott,
streiten darüber ohne Not,
wer von ihnen wohl das beste Pferd besitzt.
So tragen sie ein Wettrennen aus,
das keinem zur Entscheidung nützt!
Dabei übertritt der Riese die Grenze
zum Götterreiche in Asenheim.
Man lädt ihn dort zum Umtrunk ein.
Er trank, bis er alle Sinne verlor!
So kam es zum Streite mit dem Gotte Thor.
Ein Zweikampf wird dann angesetzt.
Wer dabei stirbt, wer wird verletzt,
erzählt euch diese Sage jetzt ...!

Seite 69

THORS RIESENABENTEUER
DIE SUCHE NACH THORS HAMMER

Thors Hammer wurde ihm gestohlen!
Die stärkste Waffe der Götter
galt es zu suchen und zu finden,
um sie dann zurückzuholen!
Loki flog als Vogel aus
und fand bei seiner Suche
auch ganz schnell heraus,
dass der Riese Thrym
den Hammer stahl, aus der Götter Haus.
Um den Hammer zurückzugeben,
gab es für den Riesen nur ein Streben.
Die Göttin Freya sollte seine Braut wohl sein!
Doch die Dame sagte Nein!
Was war nun zu tun, was sollte geschehn?
Nur durch eine List würde Thor
den Hammer wiedersehn!

Seite 83

THORS RIESENABENTEUER
UTGARD – LOKIS BLENDWERKE

Seine Gefährten und auch Thor
kommen sich stark und mächtig vor!
Sie wollen zu den Riesen reisen,
um denen ihre Macht zu beweisen.
Dort lassen sie sich auf Wettkämpfe ein
und fühlen sich plötzlich
sehr schwach und klein!
Bis ihnen am Ende wird erklärt,
wie der Riesen Zauber sich bewährt!

Seite 93

THORS RIESENABENTEUER
DIE REISE ZUM RIESEN HYMIR

Nur eines Besäufnisses wegen
fangen die Götter an, zu überlegen,
wer wohl den größten Braukessel besitzt,
der genug Bier brauen kann
und so den Asen nützt.
Thor und Tyr machen sich auf den Weg
über Stock und Stein,
als sie begriffen, den gesuchten Kessel
besitzt der Riese Hymir ganz allein!
Mit dem ist nicht gut Kirschen essen!
Mag sich stets mit Thor gern messen.
Wird er am Ende ihn besiegen?
Oder wird Thor den Kessel kriegen?
Viele Abenteuer sind zu überstehn.
Am Ende hoffen wir, den Asen
bei ihrer Feier zuzusehn ...!

Seite 119

BALDERS TOD

Loki, dessen Motiv uns nicht bekannt,
führt einem Blinden dessen Hand,
um mit einem Schuss Odins Sohn
den viel zu frühen Tod zu bringen.
Sollte das ihm wohl gelingen?
Und was wird das nach sich ziehn?
Kann der Mörder wohl entfliehn?
Was wird mit dem Toten geschehn?
Diese Sage lässt uns tiefer sehn ...!

Seite 137

LOKIS BESTRAFUNG

Loki, von Hass und Bosheit getrieben,
hat manch ein Kapitel der Geschichte
der nordischen Götter geschrieben!
Nicht selten handelten sie von
Hinterlist, böser Tat und Gewalt!
Bisher gebot ihm niemand dafür Halt!
Er verließ sich auf die Friedenspflicht,
auch wenn er selbst diese Gesetze bricht!
Doch in dieser Sage übersteigt
sein Tun ein jedes Maß!
Weil er dabei jeden Anstand vergaß!
So hat er sich fast alle Götter
zu Feinden gemacht.
Im Übermut hat er gar Geständnisse
seiner bösen Taten hervorgebracht!
Er flüchtet mit Schnelligkeit.
Doch dieses Mal waren die Asen
zu seiner Verfolgung
und Bestrafung bereit ...!

Seite 157

HELGI UND SIGRUN

Diese Sage ist vom Kampf,
von Königsmord
und Rache durchzogen.
Doch im Zentrum
steht ein liebendes Paar,
dessen Liebe und Treue
hält über den Tod hinaus sogar ...!

Seite 175

FRITHJOF UND INGEBORG

Eine tiefe Freundschaft,
die zwei Männer stets verbunden,
haben ihre Söhne leider nicht gefunden!
Stand und Dünkel stehen dem entgegen.
So gehen sie auf völlig fremden
und dazu gegnerischen Wegen!
Nur der Liebe Band
des einen Vaters Tochter
und des anderen Vaters Sohn verband.
Des Mädchens Brüder verhinderten
der beiden Liebenden Glück!
Diese Sage zeigt uns,
auf welch verschlungenen Wegen
die zwei zueinander finden zurück!

Seite 193

KÖNIG ROLF KRAKI UND SEINE RECKEN

Wer mit Güte regiert,
mit Freundlichkeit
und offener Hand,
stets mehr Freunde
und Gefolgsleute fand,
als der, der das Volk pressiert,
den nur der eigene
Vorteil interessiert
und ächtet den,
der anderer Meinung ist!
Große Treue wird dann
wohl vermisst!

Seite 227

BEOWULFS GRENDELKAMPF

Der Dänenkönig kam in Not!
Von Riesen aus dem Moore
wird er mit dem Tod bedroht.
Sie fingen seine Getreuen
und schleppten sie fort.
Blut floss an dem grässlichen Ort!
Ihnen widerstehen kann der König nicht,
darum sein Herz ihm beinah bricht.
Doch Hilfe ist alsbald in Sicht!
Der Held Beowulf kommt
mit dem Schiff gefahren
und stellt sich mit seinen Getreuen
allen erdenklichen Gefahren.
Er nimmt den Kampf auf
mit den Riesen, den bösen.
Dabei gibts ein mächtiges Getöse.
Widerstände sind zu brechen!
Erfüllt er dann
wohl sein Versprechen ...?

Seite 251

FREYA UND DAS HALSBAND DER BRISINGER

DIE schöne Göttin Freya wandelte durch ihren Palast
und überlegte, ob sie alles, was man erreichen könnte,
auch schon wirklich bekommen hat, das tat sie ohne Hast.
Oder hatte sie gar in ihrem Leben etwas Wichtiges verpasst?

Sie hatte einen wunderbaren Ehemann,
daran sie wohl nicht zweifeln kann!
Gott Odur wurde er genannt.
Beide hatten zwei liebreiche Töchter,
das war allgemein bekannt.

Ihr Palast war wirklich wunderschön.
Nicht selten sah man sie in ihrem herrlichen Garten,
der Asgard hieß, spazieren gehn.
Dort blühte es das ganze Jahr,
das fand Freya wunderbar.

Doch nichts, was ihr zu eigen war,
fand sie richtig interessant,
wenn sie es nahm in ihre Hand,
das wurde ihr dann schmerzlich klar.
Drum war ihr Herz ganz ruhelos, wie sonderbar!
Also machte sie sich auf eine lange Reise,
in einer ganz besonderen Art und Weise:

Sie spannte ihre Katzen vor einen Wagen.
Der sah wie ein Kahn aus, hörte ich sagen.
Nachdem sie das Land der Menschen gesehn,
konnte sie nicht widerstehn
und fuhr ins Land der Elfen hinein,
um ihren Bruder Frey zu besuchen, denn der war dort daheim.

Als sie immer noch nicht genug erlebt,
sie ins Land der schwarzen Zwerge strebt'.
Dort lebte Dwalin, ein ganz besonders böser Zwerg,
mit seinen nicht minder bösen Brüdern,
in einer tiefen Höhle, in einem hohen Berg.

Weil sie so böse waren und gemein,
dachten sie, wir fangen die neugierige Freya ein!
Eine üble Falle sollte dafür ihre Lösung sein.
So lockten sie die Göttin in ihre Höhle in den Berg hinein!

Dort hatten sie eine Schmiede aufgebaut,
die jeden fasziniert, der sie anschaut.
Glühende Öfen, Amboss und Hammer waren dort zu sehn.
Sie hofften, das Freya interessiert bleibt stehn,
und haben so auf ihr Glück vertraut!

Dort schmiedeten sie bei Tag und Nacht.
Der Lärm hatte Freya neugierig gemacht,
als sie mit ihrem Katzengespann des Nachts kam vorbeigefahren
und dort nicht achtete auf die Gefahren.

Sie betrat die Höhle und sah im Schein des Schmiedefeuers,
dass vier Zwerge bei der schweren Arbeit waren.
Die taten so, als wären sie allein,
und es trat nicht gerade eine Göttin ein!
Das war Freya nicht geheuer!

Der Zwerge Reaktion war ihr viel zu dumm.
Darum sah sie sich ungeniert
in der ganzen Schmiede alleine um.
Da erblickte sie auf dem Amboss liegend,
ein Halsband so prachtvoll, wunderschön.
Ein schöneres hatte sie noch nie gesehn!

Es war von den Zwergen verzaubert,
das hatt' sie nicht gewusst.
Sonst wäre es ihr wirklich klar,
dass sie sich besonders vorsehn musst'!

Der Zauber wirkte schon:
Sie spürte den unbezähmbaren Drang
das kostbare Halsband zu besitzen!
Und sie stellte sich die Frage nicht:
Wozu wird es schaden oder nützen?

»Der Schmuck, den ihr geschmiedet habt,
ist wohl das Schönste, was es je im Universum gab!
Nur einmal hab' ich ihn angeschaut
und mich sofort in ihn verliebt,
weil ich meinen Augen kaum getraut
und weil es gar nichts Schöneres gibt!

Wie viel Silber muss ich euch geben,
um das Halsband, das ihr kunstvoll geschmiedet,
zu mir nach Hause mitzunehmen?«

Dwalin antwortete:
»Das Brisingamen,
das ist des Schmuckes Name,
ist das begehrteste Schmuckstück auf der Welt!
Es ist nicht verkäuflich,
für keine Menge Silbergeld!«

»Ich muss es haben! Darum sagt mir
welchen Schatz ich euch dafür geben sollt'.
Benennt den Preis, ich bezahle ihn,
auch in der gewünschten Menge Gold,
oder was ihr sonst noch haben wollt«.

Die Zwergenbrüder tauschten böse Blicke
und flüsterten sich etwas zu
»Es gibt nur einen Schatz,
für den wir das Halsband hergeben
und das bist allein, nur du!
Du kannst es dir ja überlegen.

Du musst jeden von uns, sind wir auch klein,
für einen Tag und eine Nacht zum Manne nehmen!
Nur unter dieser Bedingung willigen wir ein!
Erfüllst du diese Forderung, dann ist das Halsband dein!
Solltest du dich dessen danach auch furchtbar schämen!«

Freya war so verzaubert,
dass sie nicht zögert' und nicht überlegt',
weil ihr der Schmuck vortrefflich steht.
So willigte sie in die gestellte Bedingung ein.
Laut und deutlich sagte sie: »Ja, so soll es sein!«
Nur der Zwerge Zauber hatt' das vollbracht,
was Freya erst glücklich und dann traurig gemacht!

Als sie dann das Brisingamen in ihren Händen hielt,
nach dem sie sehnsuchtsvoll geschielt,
und das sie nach frevelhafter Tat erhielt,
da wurde ihr klar, was sie gemacht,
und schämte sich, dass sie's vollbracht'!

Nun spürte sie die aufgeladene Schuld.
Sie hatte ihrem geliebten Gatten Odur betrogen,
was sie wirklich nie gewollt!
Das durfte er niemals erfahren,
denn er war ihr immer treu,
in allen ihren gemeinsamen Jahren.

Nach dem Grübeln in manchen Stunden
hatt' sie nur einen Ausweg gefunden.
Sie musste das Halsband verstecken,
dass niemand es jemals konnte entdecken!
Damit ihre böse Tat verborgen blieb,
denn sie hatte Odur wirklich von Herzen lieb!

Zurückgekehrt ist sie nach Asgard sofort
und suchte dort einen geheimen Ort.
Sie legte in besagter Kammer die Kette ab,
sprach dann ein Zauberwort,
das ihr die Gewissheit gab,
nur sie allein konnte öffnen die Tür!
Keine andere Person kann eintreten hier!

Sie dachte, das gäbe ihr Sicherheit,
dass niemand in den kommenden Jahren
von ihrer Vier-Zwergen-Hochzeit,
ein einziges Wort könnte erfahren!

Sie meinte, ihr Geheimnis könnte für immer verborgen sein.
Doch dann schaltete sich der boshafte Gott Loki ein,
der überall schon seine Nase hineingesteckt.
So hatte er auch Freyas Geheimnis entdeckt.
Und was hatte er mit seinem Wissen gemacht?
Er hatt' alles Odur erzählt und sich heimlich totgelacht!

Odur packte gleich die Wut
und das tat Loki gar nicht gut:
»Wie kannst du es wagen,
mein Weib der Untreue zu bezichtigen,
ohne einen Beweis dafür zu haben?

Schaffe mir herbei das Brisingamen,
denn was du behauptest,
ist mir nicht einerlei!
Nur dumme Gedanken mir dabei kamen.
Solange dies nicht ist geschehen,
solltest du mir aus dem Wege gehen!
Sonst wirst du meinen Zorn gewahr,
und das bedeutet für dich Lebensgefahr!«

Loki fühlte sich von Odur ausgebootet,
deshalb hatt' er nachgedacht und ausgelotet,
wie er seine Behauptung beweisen kann,
Freyas ach so gutgläubigem Ehemann!
Er sprach: »Ich schaffe das Halsband herbei,
und wenn es das Letzte, was ich tue, sei!«

Den Beweis zu erbringen,
bedeutet das Halsband zu stehlen!
Dies konnt' Loki nicht verhehlen.
Doch Freya hatte ihre Kammer,
in der das Schmuckstück war versteckt,
durch einen starken Zauber verschlossen.
Als er das endlich hatte entdeckt,
machte ihn das verdrossen!

Nach langem Grübeln war ihm dann klar,
dass Freyas starker Zauber,
nur durch seine eigene Zauberkraft
zu brechen war!

Wie und was er leisten musst',
hatte er sehr bald gewusst.
Gott sei Dank ahnt Freya seine Pläne nicht,
sonst das Herz ihr sicher bricht!
Also kam er zu dem Schluss,
dass er sich in eine Fliege verwandeln muss,
und er tat es auch sogleich!
An tollen Ideen war Loki schon immer reich!

So flog er als Fliege um die Kammertür.
Auch um alle Fenster, das war sein Pläsier!
Als er endlich ein Löchlein entdeckt',
hatt' er den Kopf und die Flügel hineingesteckt.
Das Loch war klein, darum atmete er aus und nicht ein,
und kroch so in Freyas Kammer,
durch das besagte Loch hinein!

Schlafend lag die Göttin darin auf ihrem Bett.
Sie hatte das Halsband umgelegt.
Davon war Loki sehr bewegt.
Er gestand sich sofort ein,
der Zwergenschmuck musste kostbar sein!

Nun nahm er seine menschliche Gestalt wieder an,
damit er der schlafenden Freya das Halsband stehlen kann.
Sie schlief sehr tief, hatt' nichts gespürt.
Ganz sanft nur hatt' er sie berührt.
Schon hielt er den Schatz in seiner Hand,
das so verbotene Liebespfand.

Von innen öffnet' er die Tür
und schlüpft getrost hinaus.
Der Zauber wirkt' von außen nur,
lässt keinen rein, doch jeden raus!

Als Freya am Morgen ohne Halsband erwacht',
wusste sie, ihr Zauber war zunichtegemacht.
Keine Vorsicht sie mehr schützt,
ihr Versteck hatt' nicht genützt!

Sofort kam sie zu dem Schluss,
dass sie ihren Frevel Odur, ihrem Manne,
schnellstens beichten muss!
Doch unauffindbar war er gerade jetzt,
das hatt' in Panik sie versetzt!

Verzweifelt eilte sie zu dem mächtigen Odin hin,
ihn zu befragen, das war der Sinn!
»Weißt du vielleicht, wo mein Mann kann sein?
Ich fühle mich schuldig und allein!
Seine Verzeihung möchte ich erbitten.
Hab' wegen meines Fehlers furchtbar schon gelitten!«

Odin wusste über alles längst Bescheid.
Was Freya tat, war keine Kleinigkeit.
Auch wo ihr betrogener Mann sich grad' befand,
war dem höchsten Gotte wohlbekannt.

Doch er wollte Freya eine Lektion erteilen:
»Du sollst durch das Universum eilen,
bis du ihn gefunden und er dir verzeiht!
Sag mir, bist du dazu bereit?

Zur Erinnerung an dein Versagen
musst du dabei das schöne Halsband tragen!
Darfst dich darüber nicht beklagen.
Ein jeder wird es sehn
und was du getan, sofort verstehn!«

Loki wollt' es gerade als Beweis benutzen,
um Freyas Ehre weiter zu beschmutzen.
Doch Odin verhinderte das sofort:
»Loki, bring' das Halsband mir, direkt an diesen Ort!«
Dieses war ein strenger Befehl
und Loki folgte, ängstlich schnell!

Freya machte sich traurig auf den Weg,
den der Gott Odin ihr gewiesen.
Dass er gut es mit ihr meint',
hatte er gerade jetzt bewiesen.
Er wusste, wie die Geschichte weitergeht.
Für Freya und Odurs Liebe
war es ganz sicher nicht zu spät!

UND DIE MORAL VON DER GESCHICHT':

Wegen eines Schmuckes nur
versündigt sich Freya gegen ihren Ehemann,
auf ihrer Zwergentour.
Die Gier allein hat sie dazu gebracht,
dass sie diesen Fehler macht!
Sie schämte sich, als sie es vollbracht!

Jede Schandtat kommt heraus!
Sie zu verbergen, das fällt aus!
Keine Vorsicht dich je schützt,
kein Versteck hat je genützt!

Nur den Fehler benennen
und auf Vergebung hoffen
ist ein möglicher Weg.
Denn der, den es betrifft,
ist sicher sehr betroffen!

THIASI UND SKADI

GEN Norden wanderten einst Odin und Loki
in die Berge, dem Gebiet der Eisenriesen, zu.
Die Götter gingen ohne Rast und Ruh.
Doch großen Hunger spürten sie!

Von diesem Hunger getrieben,
sind sie in ein Tal hinabgestiegen.
Eine Rinderherde hatten sie
von hoch oben auf dem Berge gesehn.
Nun gab es für sie kein Widerstehn!

Den fettesten Ochsen fingen sie heraus.
Wem er gehörte, das machte ihnen nichts aus!
Er wurde geschlachtet, sie machten ihm den Garaus!
Zwischen heißen Steinen wurde er gebraten.
Ganz sicher würde er gut geraten.

Doch als sie nach mehreren Stunden nachgeschaut,
ob des Ochsen Fleisch wohl gar schon sei,
da haben sie ihren Augen nicht getraut!
Das Fleisch war rot und roh!
Ganz genau so,
wie es vor dem Garen war.
Das fanden sie recht sonderbar!

Sie versuchten es ein zweites Mal.
Legten das Fleisch wieder zwischen die heißen Steine
und Odin sprach: »Nun wird es gut!
Dies ich ganz sicher meine!«
Doch nach zwei Stunden Wartezeit,
war es wieder nicht gar, nicht essbereit!

Verwundert fragten sie sich dann,
woran das wohl liegen kann?
Da hörten sie eine Stimme aus einer Eichenkrone
und was diese sagte, das war nicht ohne:

»Ich ganz allein bin schuld daran,
dass der Braten nicht gelingen kann!
Sagt mir einen Anteil an der Mahlzeit zu
und ich sorge dafür, dass der Braten
wird gar und knusprig braun im Nu!«

Sie sahen hoch zum Himmelszelt
und bemerkten einen mächtigen Adler sitzen,
droben auf des Eichenbaumes Spitzen.
Solche Exemplare, wie diesen,
gibt es nicht viele auf der Welt!

»So komm herab und hilf uns geschwind,
dann wir zum Teilen bereit auch sind!«
Der Adler stieß herab auf den Stein,
setzte wohl seine Zauberkräfte ein
und ganz schnell sollte der Braten fertig sein!

Dann wartete aber der Adler
auf seine Zuteilung des Fleisches nicht.
Er griff mit seinen Krallen, vor der Götter Angesicht,
nach den Schultern und den Hinterkeulen.
Dabei musste er sich sehr beeilen,
denn bessere Stücke gibt es nicht!

Loki packte gleich die Wut
und was er tat, war gar nicht gut!
Er ergriff eine lange Stange und wollte den Adler damit erschlagen.
Der Schlag streifte ihn aber nur,
sonst würde er das Echo kaum ertragen!

Der Adler flog auf, aber die Stange blieb an ihm kleben.
Im selben Moment fühlte Loki,
dass er an der Stange festsaß
und er begann in der Luft zu schweben!

Vom Adler wurde er dicht über dem Erdboden mitgeschleift
und das über Stock und Stein.
Die Arme riss es ihm fast aus den Schultern heraus
und auf dem Felsengrund sollten seine Beine zerschmettert sein,
ganz bestimmt aber lädiert und wund!

Nun begriff er, dass er dem Adler an Zauberkraft unterlegen war.
So begann er zu bitten und zu klagen gar,
um seine Knochen und sein Leben.
Nun hörte er erneut den riesigen Vogel reden:

»Dass ich der Riese Thiasi bin,
das wusstet und ahntet ihr nicht«,
dies voll Zorn der Adler spricht.
»Meinen Ochsen habt ihr getötet,
ohne mich zu bitten oder zu fragen!
Und als ich mein Eigentum nahm,
wolltest du mich mit der Stange erschlagen!

Nun habe ich dich gefangen und du wirst nicht mehr frei,
ehe du mir nicht schwörst,
Idun mit ihren Äpfeln aus Asenheim zu entführen
und in meine Hand zu bringen!
Ja, dazu werde ich dich zwingen,
weil dies mein fester Wille sei!«

Sehr ungern willigte Loki ein!
Aber die Zauberkräfte des Adlers sollten stärker als sein Wille sein!
So hob Loki endlich zum Schwure seine Hand.
Als er begriff, dass er so die für ihn beste Lösung fand!

Der Vogel gab ihn sofort frei,
sodass der Weg zu Odin leicht zu finden sei!
Doch Loki verschwieg ihm, was er soeben hatte geschworen.
Sonst hätte er wohl sein Gesicht verloren!

Als er dann war wieder daheim,
fiel ihm sein ehrloser Schwur gleich ein.
So ging er an dem vereinbarten Tag
zu Idun, die er dem Adler ausliefern mag.
Dazu hat er ihr Lügen erzählt,
um sie fortzuführen aus Asgards[*] sicherer Welt:

»Draußen im Walde hinter Asgards Grenze
hab' ich einen Apfelbaum entdeckt,
mit schöneren Äpfeln als den deinen,
von denen jeder auch viel besser schmeckt!
Ja, das will ich meinen!

Komme mit mir, es ist nicht weit.
Bestimmt bist du dazu bereit.
Nimm einen Apfel mit, von deinem Baum.
Wohl zum Vergleich, damit du mir glaubst
und nicht denkst, es wär ein böser Traum!«

Idun ließ sich überreden.
Warum sie ihm glaubte, das weiß ich leider nicht!
Was sehr wohl für Lokis Lügen,
aber nicht für seine Vertrauenswürdigkeit spricht!

---

[*] Sitz der nordischen Götter

Kaum, dass sie einen Fuß über Asgards Grenzen gesetzt,
kam auch schon der Adler geflogen, ja gehetzt!
Er ergriff die Göttin mit seinen Krallen,
das konnt' gewiss ihr nicht gefallen!
Er flog mit ihr nach Riesenheim.
Dort sollte sie seine Gefangene sein!

Loki hatte sie belogen
und auch fürchterlich betrogen!
Nur so konnte er sie in die Gewalt des Adlers geben!
Wie wird sie nun wohl weiterleben?

Von Stund an ging es den Göttern schlecht!
Idun zu verlieren, war ihnen gar nicht recht!
Und das hatte einen Grund:
An Iduns Äpfeln aßen sie sich jung und auch gesund!

Immer neue Jugend wurde ihnen von diesen Äpfeln gegeben.
Doch nun änderte sich der Götter Leben:
Sie ergrauten und ihre Haut welkte sehr.
Auch ihre stete Jugendfrische spürten sie nicht mehr!

So riefen sie den Rat der Götter ein.
Iduns Verschwinden musste erforschet sein!
Als der besagte Tag wurde analysiert,
fanden sie schnell heraus, und haben es traurig kapiert,
dass Loki der Letzte war, der bei Idun an diesem Tage gastiert.

Dass Loki mit ihrem Verschwinden
etwas zu tun haben musste, war jetzt allen klar!
Doch jeder fand das sonderbar!
Odin sagte: »Sollte das nicht wahr sein,
dann fresse ich einen Besen!
Loki ist dabei gewesen!«

Loki wurde ergriffen und verhört.
Man drohte ihm mit Marter und Tod.
Da kam der Betrüger sehr in Not
und reagierte sehr verstört!

Letztendlich bekannte er, was geschehen!
Er erbot sich, Idun herbeizuschaffen,
damit alle sie wiedersehn!
Dafür bat er Freya, ihm ihr Falkengewand zu leihen.
Das sollte die Grundlage für die Durchführung
seines Befreiungsplanes sein.

Als Falke flog er nach Riesenheim,
kam zu Thiasis Gehöft, so wie geplant, so sollte es sein!
Der Riese ruderte gerade auf das Meer hinaus,
darum war Idun allein im Haus.

Loki hat durch seine Zauberkraft
Idun zu einer Nuss gemacht.
Er ergriff sie mit seinen Klauen geschwind
und flog mit ihr zurück nach Asenheim,
so schnell, wie nur die Falken sind!

Als Thiasi heimgekehrt und Idun nicht mehr fand,
fuhr er hinein in sein Adlergewand
und brauste dem Diebe hinterher.
Er war so groß, so stark,
drum kam er dem Falken näher, immer mehr!

Die Götter spähten nach Norden aus
und sahen den Falken fliegen.
Mit gewaltigem Flügelschlag,
folgte ihm der Adler an diesem Tag,
ob er ihn wohl wird einkriegen?

Die Götter häuften vor dem Tore, vor dem hohen Wall,
Holzspäne und Reisig auf.
Ich glaube, da kam Freya drauf!
Als Schutz war das gedacht, für den allerschlimmsten Fall!

Kaum dass der Falke gelandet war,
war auch der Adler fast schon da.
Die Götter zündeten die Späne und das Reisig an.

Hoch schlugen die Flammen dann,
bis hinein in des Adlers Gefieder.
So stürzte er auf die Erde nieder,
kam in große Not
und fand seinen schnellen Tod!

Iduns Befreiung wurde gefeiert mit Freude.
Sie brachte die ewige Jugend zurück
und verjüngte die Götter noch heute!
Das empfanden sie als großes Glück!

Dem heimtückischen Loki
konnte so verziehen werden.
Er kam davon ohne Beulen
und ohne Beschwerden!

Nicht lange danach erschien Skadi in Ansgard.
Sie ist Thiasis Tochter,
eine schöne, gewaltige, wilde Jungfrau gewesen.
Sie war angetan mit Brünne und Helm,
die Lanze in der Hand, ganz auserlesen!

Skadi forderte laut und stark
Mordbuße für ihres Vaters Tod.
Sie erwartete, dass man dabei nicht spart,
und brachte die Götter in Not!

Aber nach kurzer Beratung
schien es den Göttern recht und billig,
ihr einen Vergleich anzubieten.
Dazu waren sie willig!

Dreierlei boten sie als Sühne an:
Skadi durfte sich zuerst, aus der Götter Kreis,
erwählen einen Ehemann.

Dabei sollte nur der Blick
auf die Füße der Götter zählen.
Nur danach sollte sie auswählen!
Sie war einverstanden,
diese Wahl sollte sie nicht quälen!

Einen Vorhang hängte man der Jungfrau in den Blick.
Dahinter liefen die Wahlkandidaten
vorwärts stets und nie zurück.
Nur bis zu den Knien konnte Skadi schaun.
Bald fehlte es ihr an Selbstvertraun!

Sie erhoffte sich Balder, der ihr besonders gefallen,
auszuwählen unter den Göttern allen.
Doch sie irrte sich, weil ihre Wahl auf Njörd wohl fiel.
Mit ihm wurde sie vermählt, doch sie verfehlte ihr Ziel!

Zum Zweiten sollte der Trauernden
das Lachen wiedergeschenkt werden.
Weil das so wichtig ist, im Himmel und noch mehr auf Erden.
Sie hatte es durch des Vaters Tod verloren!
Das übernahm Loki.
Er hatte, dass es ihm gelingen wird, geschworen!

Dazu band er das Ende eines Seiles
einer Ziege an deren Bart.
Das zweite Ende aber,
knüpfte er um seinen Leib.
Das wirkte sehr apart!

Meckernd und zerrend sprangen
und tanzten nun die Ziege
und Loki umeinand',
als wären sie ein verliebtes Paar,
ganz ohne jeglichen Verstand!

Am Ende dieses Spiels ist Loki
erschöpft in Skadis Schoß gefallen.
Das war wohl das Lustigste von allem!
Da konnte niemand mehr das Lachen halten!
Das galt für die junge Skadi
und für die Götter, die furchtbar alten!

Als Drittes wurde Skadis Wunsch
nach Genugtuung durch ewigen Ruhm,
für ihren schmählich getöteten Vater,
den Riesen Thiasi, erfüllt!
Dazu machten die Götter kein Theater,
so wurde ihre Sehnsucht gestillt!

Das geschah dadurch, dass Odin Thiasis Augen nahm,
und sie warf so hoch zum Himmelszelt.
Dort leuchten sie noch heute als Sterne,
herab des Nachts, auf unsere schöne Welt!

So ward ohne Kampf und Mord
der Streit um Thiasis Tod geschlichtet,
an der Götter heiligem Ort.
Sie hatten eine neue Genossin, des Riesen Tochter, erhalten,
der ihre Sympathien galten!

Doch bald schon hatte sich gezeigt,
dass Njörd und Skadi nicht waren geneigt,
miteinander in glücklicher Ehe zu leben.
Sie waren füreinander nicht geschaffen,
weil ihre Vorlieben auseinanderklaffen!
So etwas soll es auch noch heute geben.

Njörd liebte das Meer und auch den Strand,
wo auch seine Halle stand.
Skadi liebte die Berge sehr,
mochte aber nicht das blaue Meer!

Sie jagte gerne auf Schneeschuhen dem Wild hinterher!
Darum verlangte sie zurückzukehren,
zu ihres Vaters Gehöft im Eisenreich,
und das nicht bald, sondern sogleich!

Einen Kompromiss haben beide versucht:
Alle neun Tage fand ein Wechsel statt,
der wurde beschlossen und gebucht!
Neun Tage Strand und Sonnenschein.

Dann neun Tage in Eis und Schnee,
hoch oben auf den Bergen sein!
Doch bald schon hatten sie dieses Leben satt
und beide haben es verflucht!

Sie konnten sich einfach nicht daran gewöhnen!
Am Ende hörte man die beiden nur noch stöhnen!

Er zog den Gesang der Schwäne dem Geheule der Wölfe vor.
Ihr aber waren der Donner der Brandung
und das ständige Geschrei der Möwen,
eine Kränkung für ihr Ohr.

Endlich trennten sie sich dann.
Skadi suchte sich aus der Götter Kreis
Uller, den jagdfreundlichen Asen* als ihren neuen Mann.

Er liebte es genau wie sie, auf gleitenden Schuhen
über die weiten Schneeflächen zu fliegen.
Eis und Kälte und Schnee konnte er sehr leicht besiegen!

In der Freiheit der Berge lebten sie zu zwein allein.
Sie kehrten nur sehr selten bei ihren Verwandten, den Göttern, ein!

UND DIE MORAL VON DER GESCHICHT':

Nur in Kenntnis seiner Füße
wählt man sich einen Gatten nicht.
Der Charakter, das Aussehen, das Gemüt
sind es, was zwei voneinander abstößt
oder sie zueinander zieht!
Urlaub machen am blauen Meer,
fällt dem Skiläufer schwer.

---

* Nordische Bezeichnung der Götter. Zwölf Asen haben ihren Sitz in Asgard. Sie
herrschen über die Welt.

Für Wintersport berghoch, bergab,
bei Kälte, Schnee und Wind,
kaum eine Wasserratte den Zugang find'!
Und schlachtest du ohne Erlaubnis
eines anderen Besitzers Vieh,
so ist es dir sicher,
dessen Zuspruch bekommst du nie!

DIE KLEINODE DER ZWERGE

DER nordische Gott Loki war stets für böse Streiche gut.
Das traf meist die, die nicht recht waren auf der Hut!

Oft waren seine Streiche unbedacht,
was die Probleme, die daraus entstanden
und nicht selten Unschuldige fanden,
viel größer machten, als von ihnen gedacht!

Solch einen Streich hat er einst Sif, der Gattin Thors, gespielt.
Nach deren schönen, üppigen, blonden Haaren,
hatte er schon lange Zeit geschielt!
Sie waren ihr Stolz und ihre Freude,
warum so manche Frau sie ja beneidet!

Einstmals schlief sie unbewacht.
Es war am Tage wohl, nicht in der Nacht.
Da kam Loki zu ihr geschlichen,
hat ihr über die Haarpracht ganz zart mit seiner Hand gestrichen.

Er sprach vor sich hin: »Das ist das letzte Mal!
Wenn du erwachst, dann bist du kahl!
Das wird dir dann gewiss zur Qual!«

Mit einer Schere schnitt er ab, ihr schönes Haar.
Bis fast auf die Wurzel gar.
Nichts Böses hat er sich dabei gedacht,
nur gemeint, dass es wohl Spaß ihm macht.

Ob das Sif wohl auch erfreut?
Das war anzuzweifeln,
damals, vor langer Zeit, als es geschah
und natürlich auch wohl heut!

Nach kurzem Nachdenken nur war Thor darauf gekommen,
wer diesen Frevel hatte erdacht und auch wahrgenommen!

Er packte Loki an seinem Hals
und schüttelte ihn so stark,
dass dessen Knochen knackten jedenfalls!
Der Heimtückische bekam nun Angst und flehte um Gnade
für sein bisschen Leben!
Das würde ihm niemand wiedergeben!
Dafür war er sich nicht zu schade!

Er rief in seiner Not,
denn er dachte, Thor bringt ihm den Tod:
»Ich will, das schwöre ich mit starken Eiden,
zur Sühne zu den Zwergen gehen
damit durch deren Schmiedekunst,
für deine Frau, aus purem Golde,
ein Haarschopf wird entstehn.
Dabei ich mich auch sehr beeile!

Dieser soll Sifs Haarschopf ersetzen dann,
und er wird wie echtes Haar an ihrem Kopfe wachsen an!
Sodass jede Frau sie um ihr Goldhaar nur beneiden kann!«

Da ließ Thor Loki aus seinen Fäusten frei.
Er sprach: »Ich töte dich, wenn das gelogen sei!
Doch flüchtest du, um dich zu verstecken,
dann werde ich ganz sicher dich entdecken!«

Loki kannte in der Zwergenwelt drei kunstreiche Schmiede.
Bei denen kaufte er für Gold und Geld
so manches Geschmeide schon.
Er fand an diesem Tage, bei diesen dreien auch den rechten Ton.

So fertigten die Zwerge nicht nur
das für Sif gewünschte goldene Haar,
sondern auch ein Schiff sogar,
das alle Asen[*] aufnehmen kann,
bis auf den allerletzten Mann.

Doch das Beste ist daran,
dass man dieses große Schiff so oft falten kann,
dass es danach so klitzeklein,
wie eine Streichholzschachtel dann wird sein
und passt in jede Jackentasche hinein.

Doch das Ende der Zwergenschmiedekunst
war das noch nicht!
Zum Schluss und zum Dritten
einer der Zwerge spricht:
»Den Zauberspeer *Gungnir*
lassen wir dazu noch
in unserer Schmiede entstehn.

---

* *Asen: Nordische Bezeichnung für Götter

Dass einer, wie stark er auch sei,
dem Stoß dieses Speeres könnte widerstehn,
wurde von niemandem je geglaubt
und man hat das auch noch nie gesehn!«

Loki machte sich mit den Kleinoden, die die Zwerge hergestellt,
auf dem Heimweg dann.
Da traf er den Zwerg mit Namen Brock,
bei dem er sich ausführlich ihrer rühmen kann:
»Solche gibt es nicht auf der ganzen Welt!«

Er lobte die kunstvollen Werke der Zwerge über alle Maßen.
So lange redete er darüber, dass sie fast die Zeit vergaßen.

Am Ende aber stellte Brock eine Behauptung auf,
da käme Loki wohl niemals drauf:
»Mein Bruder Sindri ist der beste Schmied,
den es gibt auf der Erde!
Er könnte Kleinode von gleichem
und noch höherem Wert herstellen gar,
als es in dem von dir beschriebenen Falle möglich war!«

Davon fühlte sich Loki beleidigt sehr!
Diese Behauptung zu glauben, das fiel ihm unendlich schwer!
Impulsiv wie er war, bot er dagegen eine Wette an
und sagte dann:

»Dein Bruder Sindri, mag ein guter Schmied wohl sein!
Doch solche Kleinode fallen ihm nie ein!
Und schmieden kann er sie nicht heute
und auch zu keiner Zeit!
Dies zu behaupten, bin ich hier bereit!

Schlage ein: Kopf gegen Kopf
soll der Preis der Wette sein!«
Etwas Dümmeres fiel dem überheblichen,
unbedachten Loki nicht ein!

So wurden gleich Nägel mit Köpfen gemacht!
Der Zwerg Brock hat Loki in Sindris Schmiede gebracht.
Sie erzählten dem Meisterschmied
was sie soeben ausgemacht.
Darüber hat der schallend gelacht.

Er sprach: »Ich will es gerne probieren!«
Schon legte er eine Schweinehaut
in das Schmiedefeuer hinein
und setzte seinen Bruder Brock
zur Betätigung des Blasebalges ein.

Mit dem Blasebalg pumpt
man Luft in das Schmiedefeuer hinein,
damit es richtig heiß wird sein.
Glühender Stahl entsteht sodann,
den man alsbald schmieden,
also in eine neue Form bringen kann!
Dazu wird der Balg ununterbrochen gezogen.
Das bedeutet schwere Arbeit, ungelogen!

Eine Ermahnung sprach Sindri aus:
»Ruhe dich beim Ziehen des Blasebalges
keine einzige Sekunde aus.
Erst wenn des Schmiedes Arbeit ist getan,
dann fängt deine erste Pause an!«

Loki stellte sich heimlich hinter der Schmiede Tür
und sah den beiden bei der Arbeit zu.
Bald schon nahm ihm das seine Ruh.
Als er den Fleiß von Brock und Sindri hat erkannt,
wäre er beinahe fortgerannt!

Nun bangte er um seinen Kopf
und auch um seinen Hals!
Was die beiden leisteten,
beeindruckte und ängstigte ihn jedenfalls!
Dass sie die Wette gewinnen könnten,
sehr vieles sprach nun dafür!
Das dachte Loki hinter der Schmiede Tür.

Loki wusste: *Irgendetwas muss ich tun,*
kann hier nicht stehn und nur ausruhn!
Will den Lauf der Dinge ändern nun.
Sofort hat er sich in eine Stechfliege verwandelt
und in dieser Gestalt mit dem Zwerge Brock angebandelt!

Die Fliege setzte sich auf Brocks Hand,
die sich am Blasebalg befand.
Was daraus werden sollte,
das ist uns wohlbekannt!

Sie stach ihm in seine Hand hinein.
Ein Schmerz, ein Brennen
sollte das Ergebnis sein,
damit der Zwerg das Ziehen
des Balges unterbricht!

Wir wissen noch, das durfte er nicht!
Doch das machte der Brock auch nicht!
Mit schmerzverzerrtem Gesicht tat er weiter seine Pflicht!

Brock zog weiter am Blasebalg, ohne Rast und Ruh,
bis Sindri das fertige Werk aus dem Feuer zog im Nu.
Ein Eber mit goldenen Borsten
war das gewünschte Resultat,
das er soeben fertiggestellet hat.

Danach legte der Meister ein Stück Gold
in das Schmiedefeuer hinein.
Abermals hieß er den Bruder blasen, ohne auszusetzen!
Ja, das hat er gefordert und gewollt.
Loki blieb nur der Versuch,
den kleinen Brock erneut zu verletzen!
Wenn das gelänge, würde es ihn erfreun!

Loki kam wieder als Fliege geflogen,
setzte sich auf Brocks Hals geschwind,
als käme er getrieben vom Wind
und stach hinein!

Der Stich sollte viel schmerzhafter als der erste Versuch wohl sein!
Aber nur ein kurzes Zucken an Brock er zustande bringt.
Zur Unterbrechung des Blasens
er den Zwerg aber erneut nicht zwingt!

Unbeirrt setzte der das Ziehen des Blasebalgs
in der Zwergenschmiede fort,
an dem garstigen, unterirdischen Ort.
Schon hatte der Schmied sein Werk vollbracht.
Den unschätzbar wertvollen Ring mit Namen *Draupnir*
hatte er aus dem Feuer hervorgebracht!

So waren bereits zwei Kleinode entstanden.
Allerliebst sie Brock und Sindri fanden.
Auch Loki musste eingestehn,
solch vorzügliche Schmiedearbeiten
gibt es wohl nur selten zu sehn!

Endlich legte Sindri Eisen in das Feuer hinein
und erneut schärfte er seinem Bruder Brock ein:
»Höre keinen Augenblick auf, den Blasebalg zu ziehen!
Sonst wird der Stahl nicht richtig glühen
und das Werk wird unbrauchbar sein.
Das wird niemals dir verziehen!«

Brock zog den Blasebalg mit ganzer Kraft.
Trotzdem er klein war, hat er das geschafft!
Die Fliege stach erneut ihn zwischen seine Brauen.
Sein Blut floss, fast konnt' er nicht mehr schauen!

Schnell schlug er mit seiner Hand
nach dem giftigen, bösen Tier.
Nur rasche Flucht rettete die Fliege,
also Lokis Leben!
Dies berichte ich hier!
Etwas Schlimmeres konnte es für ihn nicht geben!

Weil in diesem Moment nur
Brocks eine Hand den Blasebalg zog,
der für beide Hände schon sehr viel wog,
und die zweite Hand sich im Schlag
nach der Stechfliege befand,
geschah es, dass nur eine Sekunde lang,
der Blasebalg in sich zusammensank!

Sindri, der während des Schmiedens
das bemerkte, sehr laut schalt!
Seine Worte tönten aus der Schmiede,
aus der Höhle, in die Höhe, bis zum Wald:
»Mein Werk wird nun verdorben sein!«
Traurig fiel ihm das als letztes Wort nun ein.

Brock und Sindri standen ganz bedröppelt da.
Das Unglück wollte wohl, dass das geschah!

»Nun sind wir zwei blamiert,
bis auf die Knochen!
Die Wette ist verloren,
zu Kreuze wird nun gekrochen!«

Sindri erklärte nun sein Werk für verloren, für verdorben!
Doch als er es aus dem Feuer nahm
und es sogleich zum Vorschein kam,
da war ein blanker Hammer zu sehn,
gefertigt ganz vorzüglich, kunstvoll und schön!

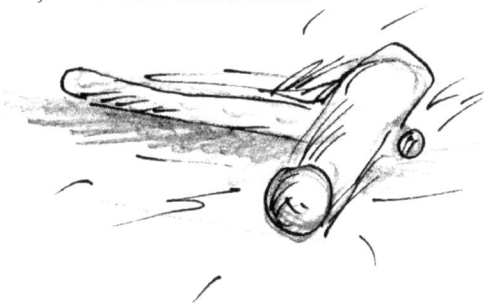

Untadelig sah der Hammer aus,
bis auf seinen Stiel, der war zu kurz geraten.
»Der, der ihn geschenkt bekommt,
macht sich gewiss nichts draus,
er kann mit ihm als Wunderwaffe starten!«

Das vorausgesagte Malheur war gar nicht geschehen!
Erhobenen Hauptes konnte Sindris Arbeit weitergehen!

Sindri gab nun die drei Kleinode in seines Bruders Hand
und sprach: »Nun gehe mit Loki nach Asgard in das Götterland.

Dort wird entschieden,
in welcher der zwei Schmieden
sich der beste Schmied befand!
Und wer die Wette verlor,
weil er sein Leben
an die weniger guten Kleinode band!«

Die Asen entschieden,
dass Odin, Thor und Frey
die Richter darüber sollten sein.
Weitere als diese drei wurden vermieden!

Als erster bot Loki seine Schätze an.
Odin bekam den Speer *Gungnir* überreicht,
das fiel Loki wirklich leicht.
Dessen Stoß wird niemand widerstehn.
Odin freute sich darüber sehr, das war gut zu verstehn!

Thor hat das Goldhaar für Sif empfangen.
Er ist gleich zu seiner Frau gegangen
und setzte das Haar ihr auf das Haupt.
Sofort wuchs es an, was wohl niemand je hätte geglaubt!
Es wallte, als wäre es eine goldene Flut.
Natürlich tat das Sif sehr gut!

Frey aber hatte das faltbare Schiff bekommen.
Dankbar und voller Freude hat er es in Empfang genommen.
Loki erklärte ihm, dass das Schiffchen
auseinandergefaltet über alle Meere fährt
und sich in Wind und Sturm,
alle Zeit, auf allen Meeren, bewährt!

Dann aber kam Brock vorbei
und gab Odin den Ring *Draupnir*,
der ihm nun zu eigen sei.
Seinen Vorteil hat der Zwerg benannt,
denn nur ihm war er bekannt:

»In jeder neunten Nacht werden von diesem Ringe
acht neue Goldringe hervorgebracht,
die dem ersten an Können und auch an Gewicht gleichen!
Wer wollte diesen Reichtum nicht erreichen?«

Frey hat aber den goldborstigen Eber erhalten,
für den die alten Regeln nicht galten;
Er konnte rennen durch die Luft
und über das große Meer.

Das fiel ihm so gar nicht schwer!
Es gelang bei Tag und auch bei Nacht.
Das Licht dafür haben die goldenen Borsten gemacht!

Zuletzt wurde von Brock
der Hammer, der *Mjölnir* heißt, an Thor übergeben.
Er ist die Gewähr der Götter dafür,
dass sie im Kampfe gegen ihre Feinde
zu allen Zeiten sind überlegen!

Thor probierte den Hammer sofort aus
und dabei kam Folgendes heraus:
Nichts konnten seinem Schlage widerstehn!
Dass er im Wurfe sein Ziel verlor,
nein, das konnte nicht geschehn!

Doch das Allerwichtigste war dabei,
dass der Hammer nach jedem Wurfe
in die Hand des Werfers zurückgekehrt sei!
Thor fing ihn auf, er war so frei!

Des Hammers kurzer Stiel war gewöhnenswert,
doch Thor fand ihn toll
und hat sich mit keinem Wort,
kein einziges Mal, über ihn beschwert!
In seiner Hand lag er ganz fest,
darum er sich vorzüglich benutzen lässt!

Die Schiedsrichter, die zur Bewertung
der Kleinode wurden ausgewählt,
haben nun einstimmig
ihr gültiges Urteil gefällt:

»Als wertvollstes Kleinod von der ganzen Welt
wurde von uns der Hammer ausgewählt!

Er ist die stärkste Waffe der Götter
gegen ihre Urfeinde, die Riesen.
Furcht und Schrecken bringt er ab heute diesen!«

Der Zwerg Brock hatte also die Wette
mit dem vorlauten Loki gewonnen!
Den Kopf seines Gegners forderte er ein.
Denn mit diesem Einsatz
wurde die Wette, wie ihr euch erinnert, begonnen!

Vergeblich bot Loki ihm Lösegeld an.
Doch er bestand auf seinem Recht,
der winzig kleine Mann.
Dass im Guten keine Lösung zu finden war,
wurde Loki nun plötzlich klar!

Endlich sagte er: »Willst du meinen Kopf,
so musst du mich fangen!
Bestimmt fällt dir das gar nicht schwer!«

Kaum gesagt, war er in Blitzesschnelle fort.
Niemand ahnte, wo er war,
in welcher Himmelsrichtung
und an welchem Ort!

Das Geheimnis dafür ist,
Loki steckt voller List!
Denn er hatte Schuhe an,
mit denen er in Windeseile,
überallhin verschwinden kann!

Nun brachte der Zwerg Thor ins Spiel,
dem der Hammer so gut gefiel:
»Hilf du mir, Loki zu ergreifen.
Dieser Wunsch tat in mir reifen!
Denn du ziehst den größten Nutzen
aus unserer geschlossenen Wette!
Darum ich deine Hilfe gerne hätte!«

Thor blieb nichts übrig, er musste ihm willfahren,
denn noch nie in all seinen Lebensjahren,
hatte er solch ein Geschenk bekommen,
und auch dankbar angenommen!

So wurde Loki von Thor zurückbefohlen und er kam sofort.
Brock stürzte sich auf ihn, gleich an seinem Ankunftsort!

Wollt' den Kopf ihm gleich abschneiden,
doch Loki mochte das nicht leiden
und er sprach zu Brock:
»Das darfst du nicht, darauf hab' ich keinen Bock!

Mein Kopf mag dir wohl gehören,
doch um den zu bekommen,
darfst du meinen Hals, der mir gehört,
ganz sicher nicht zerstören!«

Das brachte den Zwerg gar sehr in Wut.
Doch was er nun tat, das grenzt an Übermut:
»Deinen Mund nähe ich dir zu,
hab dann von deinen üblen Reden Ruh!

Kannst dann nicht trinken und auch nicht essen,
selbst das Atmen wohl vergessen.
Das wird dann dein Ende sein.
Denn der Sieg in der Wette, der ist mein!«

Brock nahm eine Nadel in die Hand.
(Keine Ahnung, wo er die in diesem Augenblicke fand!)
Dazu griff er nach einem Faden,
den wohl alle Zwerge bei sich haben.

Seines Bruders Ahle wünscht er sich sogleich herbei,
um Löcher in Lokis Lippen zu stechen,
damit das böse Werk zu End' gebracht nun sei!
So furchtbar wollte er sich rächen!

Dann nähte er Lokis Mund gleich zu.
Endlich gab der Zwerg nun Ruh!
Er glaubte, seinem Willen und seinem Recht,
zur Genüge getan zu haben!
Mochte sich freudvoll daran laben!

Doch er hatte die Rechnung ohne den Wirt gemacht
und zu früh sich eins gelacht,
denn Loki hat es gleich vollbracht,
den Faden aus seinen Lippen zu reißen!

Wenn das auch schmerzte und blutete,
so konnte er doch seinen Mut beweisen!
Darum hat er sein Leben und seine Freiheit gewonnen.
Brocks Macht über ihn, wegen der dummen Wette,
war nun sogleich verronnen!

Die drei Asen, die Schiedsrichter waren,
haben sich über alle Kleinode gefreut.
Ganz sicher ist es so auch noch heut!
Lokis Wette aber und seine Tücke belohnten sie nicht!
Seine Strafe war sein geschundenes Gesicht!

Und Thor, in dessen Faust sich fortan des Zwerges Hammer befand,
war seit dieser Zeit der Riesen gefürchtetster Feind im ganzen Land!

UND DIE MORAL VON DER GESCHICHT':

Bist du nicht bereit,
die Wettschuld zu entrichten,
dann solltest du besser wohl,
auf das Wetten stets verzichten!
Und wettest du doch,
dann aber nie um Haus und Hof
oder um Kopf und Kragen.
Deren Verlust könntest
du sicher nie ertragen!

THORS RIESENABENTEUER

I. THORS KAMPF MIT DEM RIESEN RUNGNIR

ALS Thor einst fern auf Ostfahrt weilte,
ritt Odin auf seinem Hengst *Sleipnir*,
nach Riesenheim, ich glaube, er eilte!
Der Riese *Rungnir* sah ihn kommen.
Seinen schönen Hengst hat er natürlich wahrgenommen!

»Wer bist du?«, rief er, »Mann mit dem Goldhelm,
der durch Wind und Wellen reitet,
von einem Hengst, der selbst mir gefällt, begleitet?«
Odin antwortete: »Mein Hengst ist ein gutes Pferd,
was er vermag, ist aller Ehren wert!
Ich gehe jede Wette ein, ein besseres Ross
kann wohl nicht dein Eigen sein!«

»Oho«, antwortete Rungnir,
»du meinst, dein Pferd ist gut
und könnte besser noch
als mein Pferd *Gulfax* sein?

Das nenne ich Übermut!
Was fällt denn dir kleinem Würstchen ein?
Mein Pferd kann viel längere Sprünge machen!«,
sprach *Rungnir* und begann zu lachen.

Dazu sagte Odin keinen Ton,
schüttelte seinen Kopf und sprengte mit Sleipnir davon.
Rungnir ist darauf wutentbrannt
zu seinem Pferde *Gulfax* gerannt,
saß auf und jagte Odin nach!

Sie sprangen von Berg zu Berg,
aber Odin blieb dem Riesen immer einen Gipfel voraus.
Dass Rungnirs Pferd langsamer war,
das machte ihm wohl sehr viel aus!
Blindwütend stürmte er Odin nach.
Was er sich wohl davon versprach?

Zur Besinnung ist der Riese erst gekommen,
als er zuletzt wahrgenommen,
dass sein Ritt ihn in das Asenreich gebracht.
Er war geritten zwei Tage und eine Nacht!

Verärgert war Rungnir über seine Hast!
Doch die Asen empfingen ihn freundlich
und behandelten ihn als Gast.
Sie luden ihn zum Trinken ein.
Der Wein, den er trank, konnte nie genug ihm sein!

So ward er schon bald betrunken,
ist auf seine Knie gesunken
und begann große Sprüche zu machen:
»Wartet nur ab, dann werdet ihr sehn,
wie ich mit Wallhall auf dem Rücken
nach Riesenheim werde gehen!

Danach schmeiße ich Asgard ins Meer!
Freya und Sif schleife ich hinterher!
Euer ganzes Bier saufe ich alleine aus.
Erst wenn das geschah, gehe ich nach Haus!«

Endlich war den Asen seine Prahlerei zu viel!
Sie riefen Thors Namen.
Dass er kommen möge, war ihr Ziel!
Kaum war sein Name genannt,
kam er auch schon angerannt.
Mit Donner und dem Hammer in der Hand
betrat er den Saal, in dem sich der Riese noch befand.

Zornig sprach er seine Fragen aus:
»Wie kommt dieser ungehobelte Kerl
nach Wallhall, in unser Götterhaus?
Wer ließ ihn ein, gab ihm zu trinken,
sodass er nur nach Hause noch
schaukeln kann und hinken?
Wer hat ihm Frieden in Wallhall versprochen
und warum bedient Freya ihn,
wie einen Festgenossen?«

Davon ließ Rungnir sich einschüchtern nicht!
Er sprach rauflustig in Thors Gesicht:
»Odin hat mich eingeladen, drum genieße ich Gastrecht hier!«
Thor erwiderte:
»Diese Einladung bringt dir Leid!
Mit Schwung setze ich dich vor die Tür!«

Rungnir hielt dagegen
und das auch sehr verwegen:
»Suchst du den zweifelhaften Ruhm
einen unbewaffneten Riesen umzubringen?
Viel lieber würde ich dich zu einen
Zweikampf mit mir zwingen!

Tritt gegen mich, genau auf unserer Grenze an,
damit ich dich ein für alle Mal besiegen kann!
Würdest du mich hier erschlagen,
so waffenlos, wie ich hier bin,
dann wäre dein guter Ruf für alle Zeiten hin!«

Noch nie hatte ein Riese es gewagt
und die Aufforderung zu einem Zweikampf
zu dem Donnergotte Thor gesagt!

Thor antwortete:
»Reite zurück nach Riesenheim
und hole deine Waffen!
Der Kampf gegen dich wird mir Freude machen!
Ich breche dir alle Gräten!
Danach habe ich mit dir nie mehr etwas zu schaffen!

Deine Herausforderung kommt mir recht!
Den stärksten Riesen zu besiegen,
das finde ich gar nicht schlecht!
Im Kampfe wirst du meine
unumkehrbare Antwort kriegen!«

Rungnir ritt im Galopp nach Riesenheim zurück.
Bisher begleitete ihn noch immer,
in jeder Auseinandersetzung,
das viel gepriesene Kampfesglück!

Seine Genossen empfingen ihn mit einem großen Hallo!
Sie rühmten seinen Mut, der machte alle Riesen froh!
Doch ein wenig Angst machte sich auch breit!
Zwar war Rungnir zum Kampfe stets bereit.

Doch jedes Kampfes Ausgang ist immer ungewiss!
Vor Thors Stärke hatten alle Riesen Schiss,
weil sie wussten, dass er seinen Hammer stets zielsicher schmiss!

Sollte Rungnir unterliegen,
würde das ganze Riesengeschlecht wohl großen Ärger kriegen.
Darum wurde beschlossen,
ihm zur Seite zu stellen, einen mächtigen Kampfgenossen!

So bauten sie einen Riesen aus Lehm.
Er wurde neun Meilen hoch und drei Meilen breit.
Genau so sollte es geschehn!

Doch als er fertig vor ihnen stand,
da regte er noch keine Hand.
Ein Herz ihm einzusetzen,
das hatten sie leider vergessen.
Und die Hoffnung, eines für diesen
großen Koloss zu finden,
war wohl gar sehr vermessen!

Aus Not setzten sie ihm das Herz einer Stute ein.
Doch dieses war sehr furchtsam
und sollte, für den Kampf gegen Thor,
wohl kaum geeignet sein!

Rungnirs Herz aber war aus Stein!
Es war an seinen Ecken zugespitzt!
Sein Haupt war aus Stein
und aus Stein war auch sein Schild,
den er im Kampf stets vor sich hielt.
Dies alles ihm in jeder
Auseinandersetzung nützt!

Seine Waffe aus einem Wetzstein bestand.
Über die Schulter hatte er sie gelegt.
Im Kampfe wurde sie durch seine
mächtige Faust gegen jeden Feind,
zum Schlagen und Stoßen bewegt.

Grimmig, voll Mut und entschlossen,
wartete er auf Thor ganz unverdrossen!
Doch der Lehmriese neben ihm, der mit dem mutlosen Herz,
wackelte aus Angst vor großem Schmerz.
Er nässte sogar ein, als er den Asen sah!
Ja, genau das geschah!

Thor wurde von seinem Diener Thialfi begleitet.
In jedem Kampfe er gemeinsam mit seinem Herren streitet!
Dieser eilte zu Rungnir hin,
ihn zu erschrecken, das war der Sinn!

Er sprach: »Hab Acht, Riese!
Du kennst Thors Kampfesweise nicht!
Nur darum hältst du deinen Schild
ganz gerade vor dich hin,
vor Körper und Gesicht.

Doch Thor fährt von unter der Erde auf dich los!
Von dort erhältst du den ersten Stoß!
Drum wirf deinen Schild unter deine Füße hin!
Das wäre im Kampfe für dich ein Gewinn!«

Rungnir dachte nicht groß darüber nach,
trotzdem alles für eine Lüge sprach!
So warf er seinen Schild nieder
und stellte darauf seine schweren Glieder.

Den Wetzstein aber schwang er hoch in den Händen,
als könnte er damit diesen Kampf gleich beenden.

Thialfi wollte Rungnir vor dem Kampfe in die Irre führen,
dass ihm das glückte, wird der Riese sogleich spüren!

Von Donner umgrollt und von Blitzen umzuckt
kam Thor angestürmt. Irgendwie war das, als wenn es spukt!

Den Hammer, *Mjölnir*, genannt,
schleuderte er dem Riesen entgegen!
Der reagierte mit seiner
Wetzsteinwaffe ganz verwegen!

Beide Waffen trafen im Fluge aufeinand.
Der Wetzstein zersprang in tausend Stücke,
dies durch des Hammers Treffer glückte.
Ein Splitter aus Rungnirs Wetzstein
drang Thor in dessen Haupt hinein.
Er fiel auf den Boden und schien geschlagen zu sein!

Sein Hammer aber traf Rungnirs Schädel
im Flug und zertrümmerte ihn.
So er im Kampfe sein Ende fand.
Er konnte dem Tode nicht entfliehn!

Rungnir stürzte zu Boden über Thor hinweg.
Für alle, die den Kampf
von beiden Seiten beobachteten,
bedeutete das einen großen Schreck!

Des Riesen schwere Beine
kamen auf Thors Hals zu liegen.
Irgendwie war es so, als würde er Thor
dadurch im Tode noch besiegen.

Durch Thialfis List mit dem Schild
trug Thor den Sieg davon.
Hätte Rungnir seinen Schild vor den Kopf gehalten,
könnte Thors Hammer ihn nicht spalten!

Inzwischen hatte Thialfi dem Lehmriesen den Garaus gemacht.
Doch des Riesen Beine vom Halse seines Herrn
hat er leider nicht fortgebracht!

Auch alle Asen, die dem Kampfe zugeschaut,
haben es sich nicht zugetraut,
den schweren Riesen von Thor zu heben,
was wichtig wäre, für dessen Überleben!

Da kam *Magni*, Thors Sohn von einem Riesenweib.
Vor drei Tagen erst war er geboren aus der Mutter Leib.

So jung noch stand er fest auf dem Boden.
Hat mit seiner großen Kraft
Rungnir von seinem Vater aufgehoben.
Er schleuderte ihn einfach beiseite,
was Thor und alle Asen freute.

Thor stand auf und begann seinen Sohn Magni zu loben.
Dankbar streichelte er dessen Haupt
dafür, dass er den Riesen von ihm gezogen.

Als Lohn hat er ihm des Riesen Hengst *Gulfax* gegeben.
Bestimmt wird der noch wichtig in Magnis Leben!

Nur Odin war darüber leicht echauffiert,
denn er hatte nicht kapiert,
warum Thor den Hengst *Gulfax*,
dem Sohn einer Riesin geschenkt.
Dass das Pferd Thors Vater gebührt,
er unausgesprochen so für sich denkt!

Zum Schluss bleibt mir nur noch zu sagen,
wenn ich es nicht täte,
würdet ihr mich sicherlich fragen:
Von Rungnirs zersprungenem Wetzstein
stammen alle Wetzsteine der ganzen Welt!

Manch einer von euch
vielleicht gerade einen davon
in seinen Händen hält
oder was ein Wetzstein ist, wohl kennt!

Kein einziges Haus kommt ohne Wetzstein aus!
Alle Messer werden damit geschliffen und so scharf gemacht.
Nur darum schneiden sie all das,
was zum Schneiden wird gebracht.
Vielleicht habt ihr daran bereits gedacht?

Der Wetzsteinsplitter, der Thor ins Haupt gefahren,
blieb für immer darin stecken, in allen Jahren!
Keine Behandlung, keine Beschwörung
vermochte ihn herauszuziehn
und von ganz allein, mochte er auch nicht entfliehn!

Die Legende berichtet nun, dass dann,
wenn ein Wetzstein, egal wo, auf den Boden fällt,
so rührt das den Splitter in Thors Kopf wohl an.
Dann bekommt er die stärksten Kopfschmerzen von der Welt!

Darum gib Acht, wenn du die Messer schleifst,
dass du nicht daneben greifst
und der Wetzstein dir herunterfällt,
denn dann ist es um Thor wirklich gar schlecht bestellt!

Und die Moral von der Geschicht':

Streit schlichtet man durch Kampf
und auch durch Kriege nicht!
All der Hass auf dieser Welt,
der schon tausend Jahre gärt
und dessen Grund
kaum noch jemand kennt
und heut nichts mehr davon erfährt,
ist keinen Gedanken, kein böses Wort
und keine böse Tat mehr Wert!
Denn all das ist schon
tausendfach verjährt!

II. DIE SUCHE NACH THORS HAMMER

ALS Thor eines Morgens war erwacht,
hat er eine bittere Erfahrung gemacht.
Sein Hammer, die Waffe der Götter,
die der Zwerg Brock ihm einst geschenkt,
war fort, war verschwunden!
Wo immer er auch suchte, wohin er seine Blicke lenkt,
er hat ihn nicht gefunden!

Bei Loki, dem Listigen, suchte er Beistand und Trost:
»Mein Hammer wurde mir geklaut!
Wer nur war in meiner Nähe,
dem ich das hätte zugetraut?

Niemand im Himmel und auf der Erde ahnt,
was mit dem Hammer ist geschehn.
Wir müssen ihn suchen und finden
und den Fehler eingestehn.«

Loki antwortete: »Lass uns Freya fragen,
unsere Not ihr auch beklagen,
um ihr Federhemd zu leihen,
damit den Dieb ich fliegend suchen kann!
Ihn nicht zu finden, wäre schwerlich zu verzeihen!«

Als Freya all das hörte, war sie besorgt wie nie:
»Ich leihe dir das goldene oder das silberne Federhemd
und hoffe, dass es dir passt und auch nicht klemmt!

Fliege fort und finde den Hammer schnell,
holt ihn zurück dann auf der Stell'!«
Loki flog mit rauschendem Gefieder fort in das Riesenreich.
Ihn dort zu finden, das dachte er gleich!

Von Weitem sah er schon
Thrym, den Fürst der Riesen,
hoch auf dem Felsen sitzend,
auf seinem steinernen Thron.
Die Mähnen der Pferde strählte er
und legte den Hunden Halsbänder an,
von gelbem Gold so schwer.

»Wie gehts den Asen?«, rief der Fürst.
»Schön, dass du gekommen bist!
Doch warum kommst du in das Riesenreich?
So sage mir die Antwort gleich!«

Loki antwortete: »Den Asen geht es schlecht.
Was uns angetan ward, das ist nicht recht!
Warst du es, der Thor seinen Hammer stahl?
Das frage ich dich nur einmal!«

»Ich habe den Hammer, den Thor verloren!
Wo ich ihn fand, war nicht sein Platz. Das hätte ich geschworen!

Acht Meilen unter der Erde da halte ich ihn nun verborgen.
Wie freuen mich doch des Gottes große Sorgen!
Den Hammer zu finden,
das wird euch nie gelingen!

Bringe mir Freya als meine Braut ins Haus!
Nur dann rücke ich wieder
der Götter stärkste Waffe,
an Gott Thor heraus!«

Diese Nachricht, kaum vernommen,
ist Loki zurück zu Thor gekommen.
Thor sah heran ihn fliegen
und wollte, obwohl Loki
in der Luft noch schwebte,
gleich sofort eine Antwort kriegen:

»Loki, hast du dich auch nicht geschont
und hat dein Flug die Mühe gelohnt?
Sag die Wahrheit, gib mir Bericht!
Fandest du den, der den Hammer stahl,
und leistet der nun auf ihn Verzicht?
Ich hoffe, etwas Schlechtes sagst du mir nicht!«

»Thrym, so heißt der Schuft,
bei dem ich deinen Hammer fand,
als ich ihn besuchte im Riesenland.
Doch der hat ihn gut verborgen!

Und was er für dessen Rückgabe fordert,
das bereitet mir gar große Sorgen!
Nur für den, der ihm Freya
führt als Braut in sein Haus,
rückt er deinen Hammer raus!«

Thor meinte: »So lass uns gleich zu Freya gehen
und ihr Thryms Wunsch eingestehn!«
Ohne Umwege suchen sie Freya auf.
Doch was sie von ihr wollten, da käme sie niemals drauf!

»Mit dem Brautschleier, liebe Freya,
putze und schmücke ich dich!
Denn zu Thrym, dem Riesen, bringe ich dich!
Im Riesenreich soll deine Hochzeit sein.
Und sagst du, das wird nie geschehen,
dann werde ich meinen gestohlenen Hammer
nie mehr wiedersehen!«

Sie antwortete: »Thor, was bildest du dir ein?
Denkst du ich würde mannstoll sein?
Niemals werde ich eines Riesen Braut!
Noch nicht einmal, wenn er mich klaut!«

Was blieb Thor und Loki übrig nun?
Sie konnten gar nichts anderes tun,
als alle Götter zum Thing, ihrer Versammlung, einzuberufen,
denn das Verschwinden des Hammers
war als Gefahr und großes Problem einzustufen!

Aber was soll ich euch sagen,
dort gab es weniger Antworten als Fragen!
Ja, sie stritten hin und her,
was wohl für die Lösung dieses Problems zu tuen wär!

Zuerst haben sie dafür keinen guten Ansatz gefunden.
Doch dann konnte der kluge und
 scharfsinnige Heimdall für alle bekunden,
dass nur durch eine mutige List,
eine denkbare Lösung zu finden ist!

Er sprach: »Ziehen wir doch Thor das Hochzeitskleid an
und legen ihm Freyas Geschmeide um den Hals.
Zu Thrym bringen wir ihn dann,
damit die Hochzeit gefeiert werden kann.
Dumm genug wird der Riese wohl sein
und fällt bestimmt auf diese List herein!

Die Brauthaube und der Schleier verstecken Thors Gesicht.
Dass er nicht Freya ist, darauf kommt Thrym wohl nicht!«

»Was?«, schrie Thor, »ihr seid wohl toll!
Glaubt doch nicht, dass ich mich als Frau verkleiden will und soll!

Lustig wollt ihr euch nur über mich machen!
Euch die Bäuche halten, vor lauter Lachen!«

»Nein!«, sprach Loki ganz entschieden.
»Schadenfreude wird vermieden!
Denke nur einmal daran,
was Thrym mit deinem Hammer alles machen kann!
Uns zu besiegen, das wird für ihn ein leichtes Spiel!
Eine Schande wäre es, wenn Walhall er einnehmen will!

Nur mit List ist er zu besiegen
und diese List benötigen wir,
um deinen Hammer zurückzukriegen!
Wir werden ihn zu zweit heimholen!
Ich mache mich mit dir gemeinsam,
als deine Brautjungfer, auf die Sohlen!«

Endlich willigte Thor nun ein.
Nun wurden beide eingekleidet.
So manche Braut und Brautjungfer
sie um ihren Aufputz beneidet!

Böcke wurden vor ihren Wagen gespannt
und zogen die beiden nach Riesenheim, in der Riesen Land.
Ein jeder Riese, der sie sah, die beiden ganz authentisch fand!

Als Thrym den Hochzeitswagen sah,
rief er ganz laut: »Hurra!
Deckt die Tische ein!
Führt Freya, Njörds Tochter, als meine Braut herein!

Der Riesen König bin ich wohl.
Hab' Schätze aller Art in Menge,
wie das gewiss wohl sein soll!
Mit Schmuck sind meine Truhen voll.
Das Einzige, was noch fehlen soll,
ist Freya ganz allein!
Meine liebe Braut wird sie nun sein!«

Schnell strömten alle Gäste
zu dem schönen Hochzeitsfeste!
Die Tische bogen sich von all der Last
der Getränke und der Speisen.
Seine Freigiebigkeit wollte Thrym damit wohl beweisen!

Thor langte mächtig zu.
Einen Ochsen hat er allein verschlungen,
acht Lachse noch dazu!
Drei Tonnen Met ausgetrunken
und dabei manch fröhlich' Lied gesungen!

Thrym staunte darüber nicht schlecht.
Eine Braut zu haben, die fraß und soff,
war ihm wohl ganz recht!
Nur beim Gesang die tiefe Stimme wunderte ihn gar sehr.
Den Sopran der Braut, den vermisste er!

Aber sofort war der schlaue Loki zur Hand,
der sich als Brautjungfer neben der schönen Braut befand:
»Thrym, wundere dich nicht!«,
dies er zu dem Bräutigam spricht:

»Deine Braut aß wohl an acht Tagen nicht!
Sie freute sich so sehr auf das üppige Hochzeitsgericht!
Die raue Stimme kommt gewiss vom Rauchen und vom Saufen!
Später wird sie sich zusammenraufen!«

Schon kam des Riesen Schwester an,
damit sie der Braut die Herrschaft über Thryms Haus antragen kann.
Goldene Ringe hat sie dafür von Thor bekommen
und freudig in Empfang genommen!

Aber schon rief Thrym voll Ungeduld,
die Braut endlich zu besitzen,
war wohl daran schuld:
»Bringt endlich den Hammer,
um die Braut zu weihen!
Gleich möchte ich mit ihr zusammen sein!«

So wurde der Braut der Hammer,
mit Namen *Mjölnir* in den Schoß gelegt.
Das hat Thor gar sehr bewegt.
Das Herz im Leibe hat ihm gelacht
und Folgendes hat er gemacht:

Er sprang empor!
Der Schleier fiel ihm darum vom Kopf und vom Gesicht.
Zu Ende war die, von Thor als Braut, erfundene Geschicht'!
Thryms schreckverzerrte Fratze
beschreibe ich wohl besser nicht!

Hammerhiebe verteilte Thor an die Gäste all.
Besonders traf es Thrym in diesem Fall!

Die Riesen im Saal wurden alle erschlagen!
Getrost wurde der Hammer
von seinem Herrn, dem Gott Thor,
nach Walhall zurückgetragen.

UND DIE MORAL VON DER GESCHICHT':

Man heiratet vermummte Mädchen nicht!
Schau deine Braut dir sehr gut an
und denke darüber nach sodann,
ob sie dir gefällt und was sie kann!
Ist sie lieb und klug und nett und schön,
sollst du mit ihr zur Trauung gehen.
Doch prüfe, bevor man sich für immer bindet,
ob sich nicht doch noch etwas Besseres findet!

III. UTGARD – LOKIS BLENDWERKE

IMMER wenn Thor mit Riesen zusammenstieß,
mussten diese mit ihrem Leben bezahlen!
Nicht selten geschah das unter großen Qualen!
Darum Thor auch der Unbesiegbare hieß!

Nur einmal geschah es,
dass der Gott Thor den Kürzeren zog.
Doch es ist nicht die Stärke
seines Gegners gewesen,
der er musste unterliegen!

Nein, eine unvorhersehbare List
konnte ihn am Ende nur besiegen.
Diese Geschichte ist voller Magie
und nur darum erzähle ich sie.

Nach Ostern ist Thor über das Meer gefahren.
Er trotzte gerne den größten Gefahren!
Loki und seinen Diener Thialfi hatte er dabei.
Letzterer trug den Sack mit dem Mundvorrat,
was wichtig ist und zu erwähnen sei.

Zu Fuß gingen die drei nach Riesenheim.
Warum sie das taten, das war geheim.
Der finstere Wald, durch den sie gingen,
schien schier endlos zu sein.

Als die Nacht hereinbrach
und sie eine Herberge ersehnt,
stießen sie endlich auf ein großes Haus.
Es stand offen und sah einladend aus.

Das Tor war so breit wie der Saal, in den es führt'.
Irgendwie dies die Drei berührt.
Warum das so war, wird an anderer Stelle noch angeführt.

Drinnen legten sie sich zur Ruhe nieder,
streckten ihre müden Glieder!
Gegen Mitternacht sind alle aufgewacht.
Der Boden bebte arg und das Haus wie ein Schiff schwankte.
Das hat sie aufgebracht!

Ihnen war es, als wären sie gelandet
auf einem furchtbaren Riff!
Den Sturm hörten sie heulen und schnauben.
Sie wussten nicht mehr, was sie konnten glauben!

Aufgestanden sind die drei sodann.
Sie tasteten sich im Dunkel ohne Licht voran.
Fanden den Eingang einer Nebenhöhle
und gingen getrost hinein.
Hier sollte es etwas ruhiger sein.
So schliefen Loki und der Diener wieder ein.

Thor hielt mit seinem
Hammer in der Hand
Wache auf der Schwelle,
auf der er sich sitzend befand.

Endlich brach der Morgen an.
Thor ging hinaus
und weil er sah, was er sah,
es ihm zu dämmern begann.

Ein riesiger Kerl lag am Waldesrand, wie verstreut!
Er schnarchte ungeheuer
und das sicher nicht nur heut!
Dem Thor ward nun das nächtliche
Schnauben und Beben klar.
Der Riese die Ursache dafür war!

Das war Thor, dem Gotte, viel zu dumm,
darum legte er seinen Kraftgürtel um.
Er ergriff mit seiner gewaltigen Faust
seinen allbekannten Kampfhammer.
Ich schlage zu, das dachte er,
wirds für den Riesen auch ein Jammer!

Doch bevor er schlug und traf,
erwachte der Riese aus dem Schlaf.
Er erhob sich schnell, in seine ganze Größe.
Das allein brachte schon Getöse!

Solch einen Riesen sah Thor noch nicht.
Unsicherheit stand in seinem Gesicht!
Zuschlagen traute er sich zum ersten Male
in seinem ganzen Leben nicht!

So fragte er den Kerl nach seinem Namen.
Der antwortete: »Ich heiße Skrymir!«
Die zwei Silben wie aus der
Pistole geschossen kamen!

»Und du bist Thor, so will ich meinen!
Meinen Handschuh hast du mir geklaut!«
Zu widersprechen hat Thor sich nicht getraut!
Der Riese bückte sich und hob
seinen großen Handschuh auf.
Da purzelten Loki und Thialfi heraus
und es fielen auf den Schnee diese Kleinen!

Statt in dem Haus, in dem sie meinten,
Zuflucht zur Nacht zu finden,
befanden sie sich in des Riesen Handschuh!
Und die Nebenhöhle, das kleine Ding,
war des Riesen Handschuh Däumeling!
Wie war das denn zu begründen?

Als er dies erkannte, sagte Thor nicht nein,
da der Riese anbot, friedlich beisammen zu sein
und miteinander ein Stück des Weges zu gehen.
Wer weiß´, was sonst wohl wäre geschehen?

Frühstück aßen sie gemeinsam nun.
Dabei hatten Thor und seine Mannen
nichts mit dem Essensack des Riesen zu tun.
Jeder bediente sich aus seinem eigenen Sack!

Da fragte der Riese: »Sind wir Reisegenossen oder Pack?
Künftig essen wir aus einem Sack!«
Als Thor hat zugestimmt,
der Riese den Sack der Asen nimmt
und füllt den Inhalt in seinen hinein.
Widerspruch sollte wohl zwecklos sein!

Den ganzen Tag mussten sie auf ihrem Weg
den langen Schritten des Riesen folgen.
Dabei ermüdeten sie und machten sich Sorgen.
Als sie an einer Eiche angekommen, machten alle gemeinsam halt.

Der Riese sagte dann bald: »Hier werden wir übernachten.«
Thor meinte: »An Abendessen wir dachten!«
Der Riese erwiderte: »Bin nicht hungrig.
Lege mich nieder und schlafe ein.
Ihr habt den Sack, nehmt euch heraus, was euch beliebt.
Etwas Besseres es heute nicht zu essen gibt!«

Als der Riese eingeschlafen war
und begann zu schnarchen und zu dösen,
da versuchte Thor die Riemen,
mit denen der Sack zugebunden war,
zu öffnen und zu lösen.

Doch keinen einzigen Knoten haben die drei aufbekommen.
Im Zorn hat Thor seinen Hammer genommen
und Skrymir auf den Kopf geschlagen.
Oh, was soll ich dazu sagen?

Davon erwachte der Riese sofort.
Er sagte: »Ein Blatt vom Baume fiel mir auf den Kopf.
Davon erwachte ich armer Tropf.
Hat euch das Abendessen geschmeckt?
Ich hoffe, dass ihr euch nun
wie ich, zum Schlafe ausstreckt!«

Mit leerem Magen legten sie sich nieder:
Solch eine Abmachung treffen wir nie wieder!
Ein Stück rückten sie von dem Riesen ab,
hin zu einem anderen Baume,
auch der ihnen Schutz wohl gab.
Ihnen war nicht wohl zumut
und darum schliefen sie nicht gut!

Des Riesen Schnarchen hallte um Mitternacht.
Erneut hatte es auch Sturm gemacht.
Thor dachte bei sich: *Jetzt wird der Böse umgebracht!*
Nichts anderes hatte er im Sinn!

Er nahm seinen Hammer
und schlich zu Skrymir hin.
Rasch und fest hatte Thor
ihm auf seinen Schädel geschlagen.
Er dachte, diesem Schlag
kann niemand wohl ertragen!

Da hörte er den Riesen sagen: »Schon wieder bin ich aufgewacht.
Eine kleine Eichel ist mir auf den Kopf gekracht!«

Thor zweifelte und wunderte sich gar sehr!
Solch einen Hammerschlag konnte bisher keiner lebend ertragen.
Er begann die Wirkung seiner Waffe,
in diesem Moment, zu hinterfragen!

So kam er dann zu dem Entschluss,
dass er noch viel kräftiger zuschlagen muss,
damit der Riese nie mehr aufwacht,
und so hat er es auch gemacht!

Er schlug gegen die Schläfe mit ganzer Kraft,
dass der Hammer im Kopf versank bis hin zum Schaft.

Doch der Riese fuhr sich mit der Hand über sein großes Gesicht
und sprach: »Die Vögel beschmeißen mich mit Zweigen!
Das hasse ich und mag es nicht!

Thor, lass uns aufstehn und uns auf die Socken machen.
Lauft nach Osten geradeaus.
Dort findet ihr die Burg Utgard,
das große Riesenhaus.

Dort lernt ihr Kerle kennen, gegen die sehe ich wie ein Krümel aus!
Wenn ihr über diese große Sprüche macht,
beweisen sie euch ihre Kraft!

Ich rate euch, kehrt lieber um!
Euch zu beweinen, wäre mir zu dumm!
Ich selbst habe noch etwas anderes zu tun,
will in die Berge nach Norden.
Mag nicht dabei sein, wenn meine Kameraden euch morden!«

Der Riese schlug sich seitwärts in den Wald
und verschwand darin auch bald!
Gute Reise hatten sie zu ihm nicht gesagt.
War es ihnen egal, oder haben sie es nicht gewagt?

Umkehren mochten die Asen nicht.
Sie gingen weiter, auf dem ihnen gewiesenen Weg,
auch wenn Vieles wohl dagegen spricht!
Gegen Mittag haben sie die Burg gesehn.

Sie blieben staunend davor stehn.
Was sie über die Höhe der Türme dachten,
beschreibe ich damit, dass sie sich fast ihre Hälse verrenkten,
um dort hinaufzusehn!

Das Tor der Burg war mit einem eisernen Gitter verschlossen.
Daran rüttelten sie ganz unverdrossen.
Doch niemand kam, sie einzulassen.
Gäste waren wohl nicht willkommen! War denn das zu fassen?

Die Abstände der Gitterstäbe waren für Riesen gemacht.
An kleinere Leute hatte man dabei wohl nicht gedacht.
So stellten die Wanderer fest,
dass man sich zwischen den Stäben hindurchquetschen lässt!

So kamen sie auf den Burghof
und traten ungehindert in die große Halle ein.
Dort saßen grimmige Kerle
auf Bänken, aus zugehauenem Stein.

Sie waren von ungeheurer Größe!
Solche hatten die drei noch nie gesehn!
Doch noch gewaltiger als alle anderen
tat der König Utgard-Loki vor ihnen stehn.

Eine Weile ließ er sie warten,
bis er begann, seine Schmähungen zu starten:
»Man soll nie glauben, was einem andere zutragen!
Dieser Knirps soll der große Thor sein?
Er ist doch wie ein Zwerg so klein!
Ob das wohl stimmt, möchte ich mich fragen!

Nun, vielleicht steckt in dir mehr,
als deine Größe vermuten lässt.
Dies stelle ich nun gerne fest!
So zeigt, was ihr könnt, uns her.

Das fällt euch gewiss nicht schwer.
Bei uns gilt nur etwas der,
der andere im Wettkampf besiegt.
Nur dieser Ehr und Anerkennung kriegt!«

Da meldete sich Loki an:
»Ich esse mehr und schneller, als jeder andere Mann!«
»Das lässt sich hören! Solch einen Wettkampf mögen wir!
Doch wen stelle ich entgegen dir?«

Auf der hinteren Bank, wo die Geringsten sitzen,
saß der Riese Logi.
Nein, er begann nicht zu schwitzen,
als sein und des Königs Blick sich trafen:

»Tritt vor, ich will dich nicht bestrafen!
Zeige dem Zwerg, dass du von allem mehr
essen und schneller es verschlingen kannst als er!
Ich weiß, das wird dir gewiss gelingen!
Auf dich vertraue ich sehr!«

Auf einem langen Tisch ward eine Unmenge Essen drapiert.
Mit dem Startzeichen haben Loki und Logi,
von den Gegenseiten des Tisches beginnend,
durch schnelles Essen den Gegner
im Wettkampf zu besiegen probiert.

Sie schlangen, bis alles Essen war verschwunden
und trafen sich genau in des Tisches Mitte,
so ein jeder seinen Sieg mochte bekunden!

Aber Logi wurde zum Sieger erklärt,
denn Loki hatte nur Fleisch verzehrt!
Logi dazu auch noch alle Knochen.
Sogar ein Stück vom Tische hatte er kauend abgebrochen!

Thialfi, Thors Diener trat nun vor.
Der König Utgard-Loki fragte:
»In welchem Wettkampf magst du dich beweisen?
Sage es laut, oder mir ins Ohr, ganz leise!«

»Um die Wette will ich laufen!
Egal, wer gegen mich antritt,
ich werde mich gegen meinen Gegner gut verkaufen!«
»Dann musst du schnelle Beine haben!
Das möchte ich vor dem Start dir sagen.«

Ein Bürschlein namens Hugi sollte Thialfis Gegner sein.
Beide fanden sich an der Startlinie ein.
Im ersten Laufe war Thialfi noch nicht am Ende der Bahn.

Als ihm nach der Wende Hugi schon entgegenkam.
Der grinste ganz verwegen.
Des Gottes Diener machte das Verlegen!

Utgard-Loki rief: »Thialfi schmiere deine Knochen,
wie eine Schnecke kommst du angekrochen!
Läufst du nicht schneller, verlierst du das Rennen!
Ich habe den Eindruck, du würdest beim Laufen pennen!«

Auch in den Läufen zwei und drei
gab es für Thialfi nichts zu gewinnen!
Er strengte sich an, lief wie von Sinnen!
Hugi war schneller, hat ihn um Längen geschlagen.
Das war für den Verlierer fast nicht zu ertragen!

Nach den zwei Niederlagen wandte sich Utgard-Loki an Thor:
»Nun sind wir gespannt, ob du uns in Erstaunen versetzt.
Von dir hört man ja Wunderdinge, führ sie uns vor,
darum findet dein Wettkampf nun erst statt, ganz zuletzt!«

»Das Wetttrinken soll mein Wettkampf sein.
Das macht mir viel Spaß,
ich kann es auch recht gut,
darum fiel es mir als Vorschlag ein!«

Der König der Riesen rief: »So bringt mir das Horn,
aus dem wir den Strafschluck trinken müssen!
Lang schon tat ich solch einen Wettkampf vermissen!
Danach werden wir des Siegers Fahne hissen.

Unsere besten Zecher leeren das Horn in einem einzigen Zug.
Das nicht zu schaffen, wäre kein Betrug!
Mit zwei Zügen schaffen es
alle anderen aus unserem Geschlecht!

Wenn du das könntest, wäre es recht!
Drei Züge braucht kein Riese, um es zu leeren!
Zeige, was du kannst, vielleicht wird es dir den Sieg bescheren!«

Thor hatte großen Durst, er setzte das Horn
mit Hochgenuss an seinen Mund.
Er schluckte gewaltig und war sich sicher,
er trank es aus bis auf den Grund!
Aber als er nicht mehr schlucken konnte,
da setzte das Horn er ab und schaute hinein.
Nicht einmal der Schaum des Bieres sollte abgetrunken sein!

»Hast du geschluckt, Thor?«, mischte sich Utgard-Loki ein.
»Aber Staat hast du damit nicht gemacht!
Ich gebe es zu, das habe ich vorher schon gedacht!

Nun zeige uns, dass du sie beim zweiten Male schaffst,
die im Horn verbliebene Kleinigkeit!
Gewiss bist du dazu bereit!?«

Thor schluckte und schluckte, bis er keine Luft mehr bekam
und fast vom Leben Abschied nahm!
Hoffnungsvoll sah er in das Horn hinein
und merkte sofort, die Menge Bieres, die er trank,
war leider nur klitzeklein!

Nun stellte der König der Riesen seine Frage:
»Du sparst wohl deine Kräfte
für den dritten Schluck, an diesem Tage?
Denn dieser muss der größte sein von allen!
Schaffst du es damit nicht, dann bist du durchgefallen!«

Thor trank nun mit Zorn, bis er blau anlief im Gesicht,
denn verlieren wollte er nicht!
Doch das Horn war noch immer gut gefüllt.
Der Gott seinen Frust heraus nun brüllt!

»Nein, der Kraftkerl, für den wir dich hielten,
bist du wirklich nicht!
Verlierst hier in Riesenheim dein Gesicht!

Noch eine Probe biete ich dir an,
die unsere gefasste Meinung von dir noch ändern kann!«,
dies sagte Utgard-Loki dann.

»Unsere jungen Burschen machen sich nicht selten ein Vergnügen.
Dabei geht es darum, ob sie nicht
meine Katze vom Boden hochgehoben kriegen!

Solch eine Probe, lieber Thor, würde ich dir sicher nicht gestatten,
weil wir gerade gesehen hatten,
dass du an viel einfacheren Dingen,
leider kraftlos musstest untergehn!
Ja, das dürfte nie geschehn!
Deshalb wissen wir jetzt,
dass wir dich viele Jahre überschätzt!«

Da kam auch schon die Katze angelaufen.
Sie war recht groß, das könnt ihr glauben!
Thor trat an sie heran,
legte seine Hand unter ihren Bauch
und er hoffte sehr darauf,
dass er sie anheben kann!

Da hat die Katze einen Buckel gemacht.
Den wölbte sie höher und höher,
der Decke des Saales immer näher.
Thor spürte, er könnte es nicht vollbringen!
Nur ein Bein vom Boden zu heben,
dazu gelang es, die Katze zu zwingen!

Wieder schüttete Utgard-Loki
seinen Spott über den kraftlosen Thor aus:
»Das habe ich mir gleich gedacht,
dass dir mein Kätzchen Probleme macht!«
Die Katze aber sah so aus,
als wenn sie darüber hämisch lacht!

Thor meinte: »Käme nur einer von deinen Riesen
zu mir und würde mit mir ringen.
Zum Boden nieder würde ich ihn
ganz sicher zwingen!«

»Langsam, langsam«, war Utgard-Lokis Reaktion darauf.
»Da sitzen meine Riesen auf den Bänken.
Von ihnen gibt es viele zu Hauf.
Sie alle hätten leichtes Spiel mit dir!
Meine alte Amme benenne ich darum
als deine Gegnerin im Ringkampf hier!

Mit Männern deines Wuchses
pflegt sie stets fertig zu werden!«
Auf seinen Wink trat ein altes Weib
hinein in den Saal.

Es ging auf Thor los, als hätte es keine Wahl!
All seine Kräfte wendete er an,
trotzdem er sie leider nicht
ein Stückchen von der Stelle rücken kann!

Mit einem Schwung riss sie ihn nieder,
sodass er auf seine Knie fiel!
Damit erreichte sie ihr Ziel!
Was dem König der Riesen sehr gefiel!

Dieser wies seinen schwachen Gästen
Plätze an der Tafel
und später ein gutes Nachtlager an.
Über seine Gastlichkeit gab es nichts zu klagen.
Doch sie grämten sich gar sehr
über die erlittenen Niederlagen!

Am Morgen, als sie aufgewacht,
haben sie sich reisefertig gemacht.
Aber Utgard-Loki lud sie noch
zu einem üppigen Frühstück ein.
Mit allerbesten Speisen
sollten sie bewirtet sein!

Vor seiner Burg hat der König der Riesen
von den Asen Abschied genommen:
»Wie gefiel es euch bei mir?
Werdet ihr mich einst erneut besuchen kommen!«

Thor antwortete: »Ich habe keinen Ruhm geerntet!
Dies zu leugnen wäre ungerecht!
Jeden Kampf habe ich verloren,
darum fühle ich mich schlecht!
Es gibt keinen Grund zurückzukehren,
alles in mir mag sich dagegen wehren!

Darüber ärgere ich mich sehr und bin übervoll von Wut!
Dass ihr euch nun alle
über mich lustig machen werdet,
das tut mir nicht gut!«

Dabei stand Utgard-Loki ein Grinsen im Gesicht.
»Was grinst du?«, fragte Thor.
»Ich grinse, denn die Wahrheit
kennst du wirklich nicht!

Da ich dich glücklich nun
aus meiner Burg jetzt habe,
sollst du die ganze Wahrheit erfahren,
die mit dem Ausgang der Wettkämpfe hat zu tun:

Ich hätte dich gewiss nicht in meine Burg gelassen,
hätte ich deine wahre Kraft geahnt!
Ein wenig nur hat mir davon geschwant!

Sicher wäre es uns schlecht ergangen,
hätte ich nicht rechtzeitig damit angefangen,
dir deine Sinne zu verblenden!
Nur dadurch konnte ich unser Schicksal wenden!

Skrymir, dem du im Walde begegnet bist,
war von mir die erste List!
Ich selbst war der, den du Skrymir genannt.
Nein, du hast mich nicht wiedererkannt!

Den Sack mit dem Essensvorrat konntest du nicht aufkriegen.
Seine Zauberdrahtverschnürung musste dich besiegen
und gab dir Zweifel an deiner Kraft!
Genau das wollte und habe ich geschafft!

Von deinen drei Hammerschlägen auf meinen Kopf
hätte der schwächste dafür gereicht,
mich in die Knie zu zwingen,
oder mich sofort umzubringen!

Vor jedem Schlag gelang es mir,
und das verrate ich nun ehrlich dir,
ohne dass du es bemerktest,
einen Felsen unsichtbar,
zwischen dich und mich zu bringen.
Das ist wirklich wahr!

Ich weiß, es ist gemein, doch auf den Felsen,
nicht auf meinen Kopf, schlugst du dreimal mit voller Kraft ein!

Die Wettbewerbe im Saale waren weiter nichts
als lauter Gaukelspiele.
Arges Gift für eure Gefühle.
Sie waren alle nicht echt!
Meine Zauber wirkten nicht schlecht!

Loki musste im Essen unterliegen,
denn Logi, der ihm entgegentrat,
nur die Gestalt eines Riesen hat.
In ihm war das Feuer versteckt!
Keiner von euch hatte das entdeckt!

Wie kann man Feuer denn besiegen?
Vom Feuer wurden die Speisen gefressen
und auch die Knochen und das Holz des Tisches
wurden dabei nicht vergessen.
Mir schien diese Idee gerade angemessen!

Thialfi lief so schnell, fast wie der Sturm, der Wind.
So schnell niemals die Riesen sind.
Nein, Hugi ist mein Gedanke gewesen!
Als solcher war er auserlesen!

Kein Läufer kann schneller als ein Gedanke sein!
Ich weiß, dieser Trick von mir, war sehr gemein!

Warum du, Thor,
das Horn nicht leeren konntest
bis auf den Grund,
dafür gibt es einen einfachen Befund.

Des Hornes Spitze tauchte,
für dich völlig unbemerkt,
ein in das blaue Meer,
so ward das Horn ja niemals leer!

Durch den Zug, mit dem du getrunken,
ist der Meeresspiegel abgesunken.
In Zukunft soll das *Ebbe* heißen.
Komme mit mir zum Strand,
ich werde es dir beweisen.

Wir staunten alle sehr,
wie du meine Katze hochgehoben
und erschraken, als du ihren Fuß
hast von der Erde fortgezogen!

Denn die Katze war die Mitgardschlange,
die die ganze Erde umklammert hält.
Sie trägt schon sehr lange das Himmelszelt.
Du stemmtest sie hoch, was dazu führte,
dass ihr Fuß loslassen musste von der Welt
und ihr gekrümmter Rücken fast den Himmel berührte!

Doch deine größte Tat war der Kampf mit der Alten,
die du für meine Amme hast gehalten!
Denn sie ist das Alter selbst gewesen,
mit einer Weisheit, von uns ungelesen!

Keiner wurde geboren und keiner wird geboren werden,
Kein Mensch, kein Riese und kein Gott auf Erden,
den das Alter nicht endlich
auf den Boden werfen kann!
Aber dich zwang sie nur auf die Knie,
darum bist du für mich der stärkste Mann!

Das ist die Wahrheit und nun wollen wir uns trennen!
Wenn es nach mir geht,
dann will ich dich nie mehr sehn!
Das muss ich hier bekennen!

Komme nie wieder, um mich zu besuchen!
Meine Ängste, die ich ausgestanden,
kannst du getrost, auf deiner Habenseite verbuchen!

Von nun an werde ich durch meine Zauberkünste,
diese Burg so schützen,
dass du nie mehr kommst herein.
Das wird mein Beitrag
für die Sicherheit der Riesen sein!«

Als Thor erfahren hatte,
wie er ward zum Narren gemacht,
hat er nur an das Erschlagen
des Königs der Riesen gedacht.
Er erhob seinen Hammer mit Schwung,
doch ihm blieb nur die Erinnerung!

Utgard-Loki war verschwunden!
Auch die Burg ward nicht mehr gefunden!
So fuhr Thor mit seinen Gefährten heim
und wollte nie mehr an dieses Abenteuer,
das für ihn so schlecht gelaufen, erinnert sein!

UND DIE MORAL VON DER GESCHICHT':

Sei selbstbewusst, fürchte dich nicht!
Doch glaube nie, dass du unschlagbar bist!
Manch einem Gegner hilft dabei
eine gute Taktik
oder, wie in dieser Sage, eine List!

IV. DIE REISE ZUM RIESEN HYMIR

DIE Asen hatten mit dem Meeresriesen Ögir
stets gute Beziehungen gehalten,
die bereits seit Jahrhunderten galten!
Sein Weib Ran war aber tückisch und böse.
Sie erregte Stürme mit furchtbarem Getöse.

Zertrümmerte Schiffe und zog die Leichen
der ertrunkenen Seeleute an Land.
Ögir war dagegen friedlichen Sinnes,
glättete das Meer und stets er
gute Lösungen für die Götter
und auch für die Menschen fand.

Ögir war sehr oft schon als Gast auf Walhall gewesen.
Immer dann bewirtete ihn Odin stets
mit Speis und Trank, die besonders auserlesen!

Auch bei Ögir war Odin oft schon eingekehrt.
Was er dort erlebte, war stets schön und erwähnenswert!

Einstmals zogen die Asen zur Jagd hinaus.
Viel Wild hatten sie erlegt,
so bekamen sie Lust auf ein Gelage
mit Trank und Schmaus!

Bei Ögir wollten sie sich dazu einladen.
»Der besitzt den größten Bierkessel!«,
das hörte man sie zur Begründung sagen!
So wurde Thor als Bote zu ihm vorausgesandt.
Ögir begrüßte ihn freundlich und reichte ihm seine große Hand.

Doch die Bitte, ein Gelage auszurichten,
kam ihm nicht gelegen.
Leider weiß ich nicht weswegen!
So sprach er; »Auch mein größter Bierbraukessel
ist für euch alle viel zu klein!

Dass der Riese Hymir einen viel Größeren besitzt,
das fällt mir gerade dazu ein!
Bringt mir dessen Kessel,
dann sollt ihr mir als Gäste sehr willkommen sein!«

Das ließ sich Thor nicht zweimal sagen.
Denn Abenteuer mochte er stets gerne austragen!
Am liebsten aber solche im Riesenreich.
Darum machte er sich auf den langen Weg sogleich.

Als Fahrtgenossen wählte er Tyr sich aus.
Der gehörte zu Hymirs Sippe
und kannte sich in dessen Reich wohl allerbestens aus!
Dass auch der Weg dorthin ihm war bekannt,
war ein Grund dafür, dass er von Thor
als Reisegefährte wurde benannt.

Der Weg zu Hymir war sehr weit.
Den nördlichen Eisstrom zu überqueren,
waren die beiden wirklich bereit.
Danach mussten sie nach Osten gehen,
um recht bald Hymirs Reich zu sehn.

An der Grenze hielt die Ahnfrau des Geschlechtes Wacht.
Ein altes Untier wars mit unzähligen Köpfen,
das allen Reisenden Angst wohl macht.
›Man muss sich dieser Verwandtschaft schämen‹,
hat Tyr, als er das Weib erblickte, gedacht!

Aber in Hymirs Halle hat er eine interessante Erfahrung gemacht.
Von einer schönen Frau mit Goldhaar
wurden sie freundlich begrüßt.
Thor und Tyr fanden die Dame wunderbar!

Sie bot ihnen einen Willkommenstrunk an
und sprach sodann:
»Liebe Blutsfreunde, ich werde euch
hinter den großen Kesseln verstecken!
Hymir muss euch nicht sogleich entdecken.

Grimmig ist er stets und mag meist
Gäste nicht empfangen, nicht einmal sehen!
Ich hoffe, ihr könnt meine Vorsicht gut verstehen!?«

Spät am Abend kam der Riese heim.
Er polterte in die Halle hinein.
Sein Rauschebart war zu Eis gefroren
und feuerrot vom Frost waren seine Ohren.
Ein Tropfen hing an seiner Nase.
Wenn er ausatmete, wurde der zu einer Blase.

»Freude mit dir, Hymir!«, begrüßte ihn die schöne Frau.
»Freunde sind zu uns gekommen. Beide kennst du ganz genau.

Tyr, unser Blutsfreund ist dabei,
von dem wir schon so lange nichts mehr vernommen
und glaubten, dass er nicht mehr am Leben sei!
Erst neulich meintest du, er sei wohl umgekommen!

Zusammen kam er mit dem starken Thor.
Beide kennen deine Stärke und deinen steten Grimm.
Darum setzte ich sie, um auf dich zu warten,
hinter dem Giebel, zu den großen Kesseln hin.
Dort halten sie sich verborgen,
denn sie sind bange vor dir und machen sich deshalb Sorgen!«

Wutentbrannt schaute Hymir zu ihnen hin. Sein Blick war so scharf,
dass eine Säule zersprang und ein Balken brach.
Sieben Kessel stürzten davon herab
und sie alle zerbarsten in diesem Akt!

Was das für einen Dreck ergab, in diesem Falle!
Nur der größte, gehämmerte Kessel fiel nicht auf den Boden.
Thor war es recht, denn genau diesen
wollten sie ausborgen und zu ihrem Feste holen!

Die beiden Götter traten hinter der Wand hervor
und schritten in des Riesen Halle hinein.
Der graue Riese beäugte sie mit Misstrauen!
Sollte das bei ihm wohl immer so sein?

Er ahnte nichts Gutes, das lässt sich denken!
Doch dann tat er sein Augenmerk auf das Abendessen lenken.

Drei Stiere ließ er braten, davon aß Thor zwei ganz allein.
Deshalb sollte der Riese echauffieret sein!
So brummte er: »Thor aß gewiss ein halbes Jahr nichts mehr!
Ich dachte, das Fleisch reicht noch für das morgige Mittagsmahl.
Nun reicht es nicht, mir ist es egal!
So müssen wir uns die nächste Mahlzeit ganz sicher noch erjagen.
Mir macht das Spaß, muss nicht darüber klagen!«

Beim Morgengrauen war der Riese recht früh auf seinen Beinen:
»Ich gehe Fischen, das will ich meinen!«
Thor wollte ihn sofort begleiten,
doch deshalb begannen sie fast zu streiten:

»Du bist für den Fischfang viel zu klein!«,
das fiel dem Riesen ein.
»Kannst nicht rudern, so wie ich,
und große Fische tragen, kannst du gewiss auch nicht!

Du wirst zu gar nichts nütze sein,
und wenn du dann noch frierst,
dann weinst du sicherlich
und willst gleich wieder heim!«

»Fahr nur zu!«, antwortete Thor mit Zorn!
»Alles was du erfindest, das werde ich gewiss nicht sein!
Du angelst hinten und ich angele vorn!
Will sehn, wem wird Erfolg beschieden sein?!«

Thor fragte: »Welchen Köder soll ich nehmen?«,
gut und freundlich tat er sich dabei benehmen!
Doch unwirsch blaffte Hymir gleich:
»Für dich hab ich keinen!
Besorge dir doch selbst gleich einen!
Die Natur ist an Ködern reich!«

Das hat Thor auch gleich gemacht,
ging auf die Weide, wo des Riesen Rinder grasen,
und den größten Stier, der sich dort befand,
hat er sogleich umgebracht!

Er packte ihn an den Hörnern und riss mit seiner großen Kraft
des Stieres Kopf als Köder ab!
Ja, das hätte wohl nur Thor geschafft!

Darauf meinte Hymir: »Es wäre besser, du gingest mutig fort,
an irgendeinen anderen Ort!
Denn was du gerad gemacht,
hat wohl selten nur Erfolg gebracht!«

Beide sind trotzdem in das Boot gestiegen
und ruderten gemeinsam.
Es war, als würde das Schiff nun fliegen!
Dann kam von Hymir der Befehl:
»Lass uns hier verweilen,
denn nur zu diesen Fischgründen
wollte ich heute mit dir eilen!«

Aber Thor hielt nicht an.
Er rief: »Bist du schon müde, Hymir?
Das macht doch nichts,
weil ich doch das Boot
alleine weiterrudern kann!«

Er tat es und endlich sagte der Riese:
»Halte nun die Ruder still,
weil wohl keiner von uns
in Gefahr kommen will!

Die Midgardschlange hält sich
nicht selten an diesem Orte auf!«
Thor antwortete:
»Meine große Feindin hier zu treffen,
da käme ich wohl selbst nicht drauf!«

Endlich zogen sie die Ruder ein.
Alsbald sollte ein Wal von Hymir gefangen sein!
Und ein zweiter folgte sogleich.
Ob das wohl für das Mittagessen reicht?

Inzwischen war auch Thor zum Fischen bereit.
Das wurde ja wohl auch höchste Zeit!
An den riesigen Haken steckte er den Kopf des Stieres dran.
Woll'n sehn, welches Untier beißt gleich an?

Haken und Köder hingen
an einer dicken, starken Schnur.
Kaum hatte er den Köder
über Bord in das Meer geschmissen,
wurde schon mit Macht an der Schnur gerissen!

Thor begann sofort zu ziehen.
Der vermutlich große Fisch sollte nicht entfliehen!
Doch dann war die Überraschung perfekt:
Die Midgardschlange hatte den großen Köder geschnappt
und sofort verschluckt,
an dem der riesige Haken steckt!

Der Haken befand sich bereits
in ihrem aufgerissenen Schlund.
Die Schlange tat ihre Macht nun kund!
Sie riss an der Leine mit ganzer Kraft.
Beinahe hätte sie Thor, über die Bordwand
zu ziehen geschafft!

Da kam der Asenzorn über ihn,
drum konnte er noch stärker ziehn!
Er zog, dass sich die Planken des Schiffes bogen!
Fast wäre er über Bord geflogen!

Doch dann ist der Kopf der Schlange
am Bootsrand erschienen!
Wild drohten ihre Augen,
das war kaum zu glauben.
Ihr Giftatem blies ihm entgegen.
Trotz ihrer bösen Miene blieb Thor verwegen!

Durch das Zerren und Reißen
schwankte das Schiff.
Wasser schlug herein,
als wären sie gestrandet auf einem Riff!

Der Riese bekam es mit der Angst zu tun!
Er wollte nicht kentern, hier und nun!
Thor hob schon seinen Hammer in die Luft,
der Schlange das Haupt zu zerschmettern,
hätte er ganz gewiss in der nächsten Sekunde versucht!

Doch Hymir kam ihm zuvor!
Er schnitt rasch die Angelschnur durch!
So kam es, dass Thor
die Midgardschlange verlor!

Ihr Haupt versank im tosenden Meer!
Thor schmiss ihr seinen Hammer
mit voller Wucht noch hinterher.
Nein, der Hammer sank nicht auf den Meeresgrund!

Er kehrte ja stets zu seinem Herrn,
der ihn warf, zurück!
Das geschah auch jetzt,
so lautet der Befund!

Voll Zorn, dass ihm die Schlange,
sein alter Feind, entkommen war,
schlug er Hymir, den Riesen, nieder,
mit seiner starken Faust sogar!

So lag dieser auf dem Rücken im Schiff!
Seine Füße zeigten gen Himmel,
bis er endlich begriff:
›Der Thor hat wohl einen Fimmel!‹

Kaum hatte der Riese sich aufgerafft,
haben die zwei sich an die Ruder gemacht.
Sie ruderten stumm zurück.
Dass Hymir zwei Wale gefangen hatte,
zeigte sich nun als großes Glück!

Als sie anlegten am Pier, vor des Riesen Haus,
war dessen Mut wieder gewachsen
und er forderte Thor erneut
zu einer Kraftprobe heraus:

»Wie wollen wir die Arbeit nun teilen?
Willst du das Boot festmachen,
oder schaffst du es, mit den zwei Walen
nach Hause zu eilen?«

Thor antwortete kein Wort.
Er packte das ganze Boot, ohne es auszuschöpfen,
samt Ruder, Gerät und Walfischen
auf seinen Nacken und trug es zu des Riesen Haus fort.
Hinein in die Bergesschlucht.
Dabei hat er kein einziges Mal geflucht!

Aber noch immer war der Trotz des Riesen nicht vorbei!
Er behauptete während des Essens,
dass Thors Kraft nicht reicht
und es ihm unmöglich sei,
den gläsernen Pokal, aus dem der Riese trank,
zu zerbrechen in tausend Stücke.
»Nein, niemals wird ihm das glücken!«

Thor ergriff das Glas und schleuderte es mit seiner Hand
gegen die harte Wand,
das machte ihm zuerst noch Spaß.
Der Riese es aber lustig fand.

Denn unbeschädigt flog das Glas zu Hymir zurück,
in dessen Hand.
Es war nicht zersplittert und hatte auch keine Beule!
Dies Thor recht seltsam fand.

Auch der zweite Versuch brachte nichts ein.
Der Riese fing zu lachen an
und tanzte von einem auf sein anderes Bein!

Da flüsterte die blonde Frau des Riesen
Thor in sein Ohr:
»Wirf das Glas Hymir mit voller Wucht an seinen Kopf,
und sieh dich dabei auch nicht vor!«

Mit voller Asenkraft,
tief in die Knie gebeugt,
hat Thor es dann schafft!
Das Glas zersprang in tausend Stücke!
Des Riesen Steinhaupt blieb heil!
Doch daraus er dämlich blickte!

Traurig sah der Riese drein.
»Nie wieder trinke ich aus meinem Lieblingsglase
mehr köstliches Bier oder süßen Wein,«
Doch schuld daran war er allein!

»Aus keinem Glase schmeckt mein Bier
so wie aus diesem zerstörten mir!
Nun freut mich auch mein großer Braukessel nicht mehr!
Ihr könnt ihn haben, bitte sehr!

Doch frage ich mich, ob eure Kräfte reichen,
den Kessel aus der Halle zu tragen?«
Dies mit Hinterlist,
musste der Riese noch fragen.

Vergebens versuchte Tyr das mächtige Gefäß
von seinem Platz zu rücken!
Sehr zu des Riesen Entzücken!
Aber was musste er dann erblicken?

Thor ergriff den Braukessel an seinem Rand.
Das tat er mit der linken Hand.
Schwang ihn hoch und stülpte ihn
sich über sein Haupt.
Niemals hätte der Riese das geglaubt!

So schritten die beiden Asen aus des Riesen Haus,
in die weite Welt hinaus!
Den Kessel haben sie mitgenommen.
Hymir wird ihn nie zurückbekommen!

Nach einer Weile schaute Thor sich um.
Was er erblickte, war ihm zu dumm!
Hymir eilte mit seinem ganzen Heer,
hinter den beiden Asen her!
Rache wollte er wohl nehmen.
Mag der Kerl sich gar nicht schämen?

Da hob der Donnerer (so wird Thor recht oft genannt,
weil er mit seinem Hammer
bestimmt den Donner einst erfand)
den Kessel von seinem Haupt.
Ich hoffe, dass ihr mir das glaubt.

Er hat seinen Hammer hochgeschwungen,
so wie immer, ist es ihm gelungen!
Schleudert ihn dem Riesen und seinem Heer entgegen.
So wurden alle erschlagen und sind darum unterlegen!

Thor und Tyr wanderten weiter,
des Sieges und der Beute gewiss!
Darum waren sie froh und heiter.
So kamen sie dann,
bei Ögirs großer Halle an,
wo man den Braukessel trefflich nun benutzen kann!

Dort vereinigten sich die Asen
zum festlichen Mahle und Gelage.
Der freundliche Meeresriese
hatte sein Bestes für sie getan,
das war keine Frage!

Speisen und Getränke schwebten von selbst auf jeden Tisch.
Der Meeresriese war erfinderisch!
Mitten im Saale hat der mächtige Braukessel gestanden.
Er war übervoll mit köstlichem Bier,
was die Götter als großes Glück empfanden!

Nach der Feier glücklichem Schluss,
fassten sie noch einen wichtigen Beschluss:
»Alle Jahre, um diese Zeit,
sind wir ab heute nun bereit,
uns wieder hier zu treffen,
um aus Hymirs Kessel Bier zu trinken.
Das wollen wir uns nun versprechen!

Wir loben Thor dafür,
dass er Hymir den Braukessel
für immer entriss
und uns darum alljährlich
das Besäufnis gesichert ist!«

UND DIE MORAL VON DER GESCHICHT':

Lege dich mit Thor nicht an,
weil der kräftig ist,
wie kein anderer Mann
und mit seinem Hammer
zielen und auch tödlich treffen kann!
Und schneidest du beim Angeln
dem Partner seine Leine ab,
was auch der Grund mag sein,
dann gibt es Ärger nicht zu knapp!
Vielleicht fällt dir etwas Besseres ein?

BALDERS TOD

SCHWERES Unheil kündigte sich an,
weil Balder, den Edlen,
böse, Tod verheißende Träume, quälten,
und er darum des Nachts nicht schlafen kann!
Er mochte die Träume nicht für sich behalten.
So erzählte er sie den Asen, den furchtbar alten!

Darum haben diese Rat gehalten,
um zu erkunden, welche Regeln in diesem Falle galten,
um die Bedrohung abzuwenden,
durch ihren Geist, mit ihren Händen!

So kamen sie dann zu dem Entschluss,
dass man allen Wesen und Dingen Eide abnehmen muss,
damit sie sich nicht gegen Balder wenden.

Nur so war dieser Spuk wohl zu beenden!
Die mütterliche Frigga hatte diese Aufgabe bekommen
und auch gerne angenommen,
weil sie Balder so sehr mag!
So machte sie sich auf, schon am frühen Tag.

Sie wusste oder ahnte, wo die Wesen und die Dinge wohnen,
deren Schwüre Balder könnten schonen!
Darum ist sie fortgeritten,
um die Schwüre zu erbitten!

Feuer und Wasser, Eisen und Erz
schworen von ihm fernzuhalten Tod und Schmerz.
Steine und Erden, Krankheiten und Seuchen gar,
schworen, dass Balder vor ihnen geschützet war.

Fische und Vögel in der Luft,
garantierten, dass sie niemals wären versucht,
Balder Böses anzutun.
Er soll in süßem Schlafe ruhn.

Auch Reptilien und Säugegetier,
leisteten den Schwur vor ihr,
Balder zu verschonen!
Er soll weiterleben und in Walhall wohnen.

Als all das geschehen war,
wurde allen Göttern klar,
dass von Balder ward gebannt, eine jegliche Gefahr!

Das wollten sie erproben,
um ganz sicher zu sein und nicht nur verbal zu loben.
So stellte sich Balder auf den Thingplatz hin,
ungeschützt mit freier Brust.
Auf ihn Pfeile zu schießen, hatten die jüngeren Götter Lust!

Steine wurden nach ihm geworfen
und mit Schwertern auch geschlagen.
Doch all das konnte er lachend nur
und ohne Furcht ertragen!

Kein Schuss, kein Streich, konnten ihn versehren!
Er fing, was auf ihn geflogen kam,
mit seinen Händen aus der Luft.
Jedes Angriffs konnte er sich erwehren!

Unverwundbar schien er zu sein,
das nahm den Göttern jede Pein!
Ja, so waren sie sich gewiss,
dass Balder für immer wohl, ihr großer Liebling ist!

Nur Loki war voller Neid und Hass!
So er jede Vorsicht wohl vergaß.
Nahm die Gestalt eines alten Weibes an,
ging zu Frigga und sprach sie fragend an:

»Schön ist es zu sehen,
wie die Asen mit Balder spielen gehen.
Aber bist du wirklich ganz gewiss,
dass nichts in der Welt zu seinem Schaden ist?«

Frigga antwortete: »Nein, nichts wird ihm schaden!
Alle Wesen und Dinge haben sich
mit diesem heiligen Eid beladen!«

»Haben etwa alle, ohne Ausnahme geschworen?«,
fragte Loki wieder. Lächelnd antwortete Frigga dann,
dass sie einem kleinen Mistelzweig,
der noch so jung und schwach, keinen Eid abnahm.
Weil er ja als Gefahr für Balder nicht infrage kam!

Mit einem Grinsen im Gesicht
übersah Loki, die ihm gebotene Chance nicht!
Er könnte Balder Schaden zufügen.

Der Mistelzweig ohne Schwur
ist dafür der Grund,
und könnte dem genügen,
wohl für Lokis Hass
und ihm auch zum Vergnügen!

Er ging hinweg und brach den Zweig,
aus unergründbarem Hass
und nicht zum Zeitvertreib!
Er eilte auf den Thing zurück,
sah dort den Hödur abseits stehn,
der war ja blind, konnte gar nichts sehn,
Loki empfand das als großes Glück!

Nur darum nahm Hödur als Einziger
am Spiel der Götter nicht teil.
Loki fragte ihn: »Warum schießt du auf Balder
nicht auch einmal mit einem Pfeil?«
Hödur antwortete: »Weil ich ihn nicht sehe,
nein, es ist mir nicht egal,
es ist mir eine Qual!«

Loki meinte: »Ich will, wenn du es magst,
dir Hilfe leisten,
damit du, mit einem Schusse,
Balder auch kannst Ehr' erweisen!

Hier ist der Bogen. Ich lege diese Mistelgerte für dich ein.
Damit wirst du erfolgreich sein!
Ich werde zielen und den Schuss
für dich auch lenken.

Noch lange werden wir an unseren Beitrag denken!«
Da nahm Hödur den Bogen
mit dem Mistelzweig. Loki, der hinter ihm stand,
hat ihn in die richtige Richtung gezogen.

Hödur spannte die Sehne und ließ sie los.
So ist der Zweig geflogen,
um Balder zu durchbohren!

Der ward getroffen und fiel tot zur Erde dann!
Niemals wurde von Göttern
und auch nicht von Menschen,
solch schändlicher Schuss getan!

Den Asen, die gerade noch gelacht,
sanken die Hände, sie standen starr vor Schreck,
als sie das, was grad geschah, entdeckt.
Alle fragten sich, wer hat Balder umgebracht?

Fassungslos blickten sie einander an
und auf den unglücklichen Schützen dann.
Die Stätte war so heilig, wo das geschah,
darum man keinen, an ihn Hand anlegen sah!

Loki, der Verräter, war längst,
kaum dass der Pfeil den Bogen verließ, verschwunden.
So haben sie alle natürlich
Hödur als Mörder empfunden!

Doch keiner mochte sich an ihm rächen.
Vergebens versuchten sie zu sprechen.
Vermocht haben sie es nicht.
Tränen liefen über jedes Gesicht!

Doch am tiefsten Odin empfand.
Ihn und Balder sein väterliches Herz verband.
Keiner wusste so gut wie er,
was die Götter mit Balder verloren.
Darum war seine Trauer besonders tief und schwer!
Einst wurde Balder ihm geboren!

Nach Stunden, als die Asen sich endlich gefasst,
hielten sie Rat, ohne jede Hast.
Frigga war es, die zuerst gesprochen hat.
Sie hatte folgenden Vorschlag parat:

»Wer unter euch allen,
mir ganz besonders will gefallen
und meine Huld und Liebe mag gewinnen,
der reite zu Hel, schnell wie von Sinnen
und biete ihr Lösegeld,
damit sie Balder freigibt und zu uns
zurück dann schickt, wenn es ihr gefällt!«

Es erbot sich Odins Sohn Hermond zu dem waghalsigen Ritt.
Der Vater gab ihm seinen Hengst, Sleipnir, auf die Reise mit.
Die Asen aber rüsteten Balder ein Leichenbegräbnis aus,
wie es keinem je bereitet ward, in der Götter Haus!

Alle Götter waren zur Stelle.
Odin und Frigga schritten voran.
Es folgten alle Walküren dann.
Frey kam mit seinem Wagen,
vom goldborstigen Eber gezogen, gefahren.

Heimdall ritt auf seinem goldmähnigen Pferd.
Freya mit ihrem Katzengespanne fährt.
Auch Zwerge und Riesen sind gekommen
und haben von Balder, dem sie hold waren,
Abschied genommen.

Hinunter zum Meere wurde die Leiche getragen.
So war es Sitte, das muss ich euch sagen.
Dann haben sie sie auf das schönste
aller dort liegenden Schiffe gebettet.
Es war sein eigenes und lag auf dem Strand,
darauf hätte ich gewettet!

Bei Flut begannen sie das Schiff in das Meer zu schieben.
Doch so sehr sie sich auch mühten, es blieb am Strande liegen!

Es rührte sich nicht von der Stelle.
So riefen sie Hilfe herbei, auf die Schnelle!
Die Riesin Hyrockin kam sofort, auf einem Wolfe geritten,
der mit Schlangen war aufgezäumt.
Die Götter mussten sie nicht lange bitten.
Manch einer, der das sah, dachte wohl, dies hätte er geträumt!

Die Riesin packte den Bug des Schiffes an
und nach einem mächtigen Ruck,
es Wasser unter dem Kiel gewann!
Der Riesin Kraft den Thor ergrimmt.
Aus Wut er seinen Hammer nimmt,
um das Untier zu erschlagen.
»Halte Frieden!«, die Götter darauf zu ihm sagen.

Nun wurde auf dem Schiff
ein Holzstoß aufgeschichtet.
Darauf wurde Balders Leiche gelegt.
Dass die Götter solches taten,
wird aus alter Zeit berichtet und belegt!

Als seine Gattin, Nanna, das sah,
was gerade auf dem Schiff geschah,
Zersprang vor lauter Leid und Schmerz
und vor großer Liebe, fast ihr Herz.
Doch dann hat sie daran gedacht
und kostbare Kleinode um den Toten angebracht.

All das nur, um ihn zu ehren!
Balder nahm es hin, er konnte sich nicht wehren!
Odin hat seinem toten Sohn den Ring Draupnir geschenkt,
sodass er in der Unterwelt stets an ihn denkt.

Damit Balder dort auch reiten kann,
band man auf dem Schiffe
Balders Hengst mit seinem Sattel
und dem goldenen Zaumzeug an.

In einer anderen Sage berichtete ich von dem Ringe schon,
den der Zwerg Brock einst Odin gab.
Der lobte das Kunstwerk in höchstem Ton.
Denn dieser Ring hat in jeder neunten Nacht,
acht gleichschwere Goldringe hervorgebracht!

Dann wurde der Scheiterhaufen angezündet.
Das war in alter Tradition begründet.
Thor weihte den lodernden Leichenbrand,
mit seinem Hammer in der Hand.

Brennend schwamm das Schiff, das den toten Gott getragen,
auf das weite Meer hinaus.
Am Strande hielten die trauernden Götter noch viele Stunden aus.
Bis endlich das Schiff im Meer versunken war.
Allmählich wurde ihnen der Verlust nun klar!

…

An dieser Stelle wird ein inhaltlicher Sprung gemacht
und an Hermonds Ritt zur Hel gedacht.
Neun Tage und Nächte ist er
durch tiefe, finstere Täler geritten.

Hoffnung und Hoffnungslosigkeit
haben in dieser Zeit
erbarmungslos um Balder gestritten!
In Finsternis und Nebel hat er nicht erkannt,
wo er sich gerade auf seinem Weg befand!

Endlich kam er zu einem reißenden Fluss,
den er auf einer goldenen Brücke überqueren muss!
Unter der Brücke wachte ein Riesenweib.
Sie fragte Hermond nach seinem Namen und der Herkunft,
wohl nicht zum Zeitvertreib.

Sie sprach:
»Fünfhundert tote Männer ritten gestern
auf dieser Brücke entlang.
Sie ritten leise, ganz leise, stundenlang.
Doch von deinem Ritte, der große Krach,
machte mich gleich sofort wach
und mir wurde ganz bang!

Du trägst die bleiche Farbe der Toten nicht!
Mit rosa-roter Färbung ist dein anmutig, schönes Gesicht.
Warum reitest du auf dem Höllenwege dahin?
Weil du noch lebst, macht das doch keinen Sinn!«

»Ich reite zu Hel, um Balder zu suchen.
Hast du ihn vielleicht gesehn?«
»Ja, er ritt über diese goldene Brücke,
doch er blieb nicht einmal stehn!«

Nordwärts zum Hause der Hel
ist Hermond dann getrost geritten!
Und weiter bis zum Höllentor.
Lange stand er nicht davor!

Dort stieg er von seinem Ross
und zog den Sattelgurt mächtig an,
damit er dem Hengst die Sporen fester geben kann!
Mit Anlauf sprang er nun über das breite und hohe Höllentor.
Danach ich ihn wohl aus den Augen verlor!

Hermond ritt am Höllenhund vorbei,
als ob das selbstverständlich sei.
Der Höllenhund heulte ihn an,
als er an ihm vorüber kam,
aber angegriffen hat er ihn nicht,
was für Hermonds sichere Ankunft
in der Halle spricht.

Dort stieg er ab und ging hinein.
Sein Bruder Balder sollte schon
längst dort angekommen sein!
Blass und blutig hat er auf
einem Hochsitz gesessen.

Dass er von königlichem Blute war,
hatte man hier nicht vergessen!
Die Bänke, die um seinen Platz gestanden,
waren mit Gold geschmückt.
Und ein schimmernder Trank war eingeschenkt.
Das hatte Hermond sofort erblickt,
als er sein Haupt zu seinem Bruder lenkt.

Die ganze lange Nacht
hielt Hermond bei seinem
toten Bruder Wacht.
Er hat sich Hoffnung auf Erfolg gemacht!

Am Morgen bat er Hel, den Bruder mit sich ziehen zu lassen,
denn die Trauer der Götter und Menschen
um ihn war so tief, dass man es nicht konnte fassen!

Darauf fasste Hel den Beschluss,
dass sie den toten Balder
ins Reich der Götter zurückkehren lassen muss!

Sie sprach: »Wenn es so ist, wie du es sagst
und ich denke, dass du hier
niemals, auch heute nicht, zu lügen wagst,
dann soll er mit dir ziehn.
Ich gebe ihn frei, ihr müsst nicht fliehn!

Nur eine Bedingung ist dabei:
Er muss hierbleiben, wenn nur ein einziges Wesen
seine Wiederkehr nicht begehrt,
und sich dagegen wehrt,
oder keine Träne um ihn mag vergießen, selbst wenn die,
bei allen anderen aber fließen!«

Darauf begleitete Balder
seinen Bruder Hermond
bis zum Höllentor.
Traurig standen sie davor.

Balder gab an Hermond,
für seinen Vater Odin,
den Ring Draupnir zum Gedenken zurück!
Von nun an wartete er darauf,
ob sich wohl wenden könnte, sein Geschick?

Mit Hels Botschaft ist Hermond
von Balder geschieden.
Dieser ist in der Hölle zurückgeblieben!
Hermond ritt auf demselben Wege heim,
und Odin sollte alsbald
über Hels Entscheidung informiert sein!

So sandten die Asen Botschaften in die ganze Welt,
mit der Frage, ob es allen Wesen wohl gefällt,
mit den Göttern gemeinsam
um den gefallenen Balder zu weinen?
Damit die Hölle ihn freigibt,
und er wieder kann unter den Lebenden erscheinen!

Da weinten alle Menschen und Tiere auf Erden.
Es weinten die Steine und Bäume,
ohne sich wegen der Bitte der Götter zu beschweren.
Vom Erze tropften Tränen, wie Tau!

Da meinten die Götter, sie wüssten genau,
dass Balder zurückkehrt, denn sie fühlten sich schlau!

Beglückt über diese Trauer aller Wesen und Dinge
meinten die Boten, dass es gelinge!
Sie eilten nach Walhall zurück
und träumten von Balders großem Glück!

Unterwegs sahen sie in einer Höhle ein Riesenweib,
mit großem Kopf und dickem Leib!
Das hatte den Schwur noch nicht gesagt
und geweint hatte es auch noch nicht,
weil niemand es bisher gefragt!

Thöck war der Riesin Name.
Sie fragte die Boten woher und warum sie kamen?
Diese schilderten des Balders Begebenheit
und fragten: »Bist du mit uns, um ihn zu weinen, bereit?«

Sie aber antwortete:
»Aus meinen Augen keine Träne rinnt,
um des Balders Tod!
Niemals hat er mir Gutes getan!
Darum ich für ihn auch nicht weinen kann!

Hel soll ihn behalten,
weil seine guten Taten
mir noch niemals galten!«
So endete der Boten Befragungsglück!
Es besiegelte Balders böses Geschick!
Nie mehr durfte er zu den Lebenden zurück!

All jene, aus der Götter Kreis,
die Thöck für eine Riesin hielten
und böse auf sie schielten,
die hatten sich total geirrt!

Loki hatte sie alle an der Nase herumgeführt!
Denn kein anderer war es,
der in der Riesin Gestalt auftrat!
Er wartete auf die Boten schon früh und spat,
um Balders Rückkehr zu verhindern
und der Götter Frust zu steigern,
nicht jedoch zu mindern.

Derweil nahm Wali, der Sohn,
den die Riesin Rind, dem Odin gebar,
Rache an Hödur, dem Blinden gar,
der den tödlichen Schuss auf Balder gesandt,
mit der von Loki geführten Hand!

Aber Loki, der der eigentliche Mörder war,
entging in diesem Moment noch der Gefahr!
Er sollte die Rache selbst auf sein Haupt ziehen.
Die nächste Sage berichtet,
auf welche Weise das konnte geschehn!

UND DIE MORAL VON DER GESCHICHT':

Durch Rache und durch Hinterlist
Odins Sohn Balder getötet worden ist.
Rache brachte den Tod
und der Tod fordert Rache!
Was ist das für ein Kreislauf,
welch eine widerliche Sache?
Beides fordert Blut nur ein!
Kann keine Lösung der Probleme sein!
Im größten Falle treten darum
Nationen in Kriege ein!
So wird das Töten zum Symbol,
bei dem niemand mehr weiß,
wen und warum er eigentlich töten soll!

LOKIS BESTRAFUNG

IN Ögirs Halle trafen sich die Asen
alle Jahre zur selben Zeit
zu einem festlichen Schmause wieder einmal.
Sie erschienen in der Regel in voller Zahl
und waren für ein Gelage bereit!

Nur Thor fehlte, denn er war noch nicht
von seiner Ostfahrt zurückgekehrt.
Trotzdem hat sich keiner darüber beschwert.
Sie wussten, er würde erscheinen zu diesem Fest,
weil er es sich niemals entgehen lässt!

Odin und Frigga waren gekommen.
Frey und Freya haben teilgenommen.
Heimdall und Widar waren erschienen.
Njörd und Skadi zeigten erwartungsvolle Mienen.
Bragi und Idun waren zum Feiern bereit.
Thors Gattin Sif kam im schönsten Kleid.
Auch Loki war da, suchte er wohl wieder Streit?

Alle Asen haben den Gastgeber gepriesen,
der allen Gehilfen ihre Plätze angewiesen,
damit sie ihres Amtes walten
und die Götter verwöhnen, die furchtbar alten!

Das reizte Lokis Tücke, der immer Händel hat gesucht.
Was daraus ward, war oft verflucht!
Dieses Mal legte er sich mit einem Diener an,
der nichts für Lokis schlechte Laune kann.
Ein Wort gab das andere, schon schlug Loki zu.
Der Diener fiel tot zu Boden. Dort liegt er nun in ewiger Ruh!

Erzürnt sprangen die Götter auf.
Loki sofort zu strafen, nahmen sie in Kauf!
Doch dann wurde es ihnen gewiss,
dass dieser Ort eine hochheilige Friedensstätte ist!
Dass Loki sie frevlerisch entweiht,
war für sie keine Kleinigkeit!

Loki spürte, dass er den Bogen hatte überspannt!
So ist er einfach Hals über Kopf fortgerannt.
Drohworte wurden ihm nachgeschrien.
Was er tat, wird ihm nie verziehn!

Man hat die Verfolgung aufgenommen,
doch Loki ist allen Verfolgern,
wegen seiner Schnelligkeit, entkommen!
So kehrten die Asen zum Gelage zurück.
Doch ihr Frohsinn war gestört,
wollte nun nicht mehr aufkommen.

Aber Loki kam vor Bosheit nicht zur Ruhe,
machte sich alsbald auf seine flinken Schuhe
und wagte sich zur Feierhalle zurück,
die er gerade flüchtend verlassen!
Ist denn das zu fassen?

Ögirs Diener Nummer zwei
sah ihn kommen und sagte zu ihm:
»Dir mitzuteilen bin ich so frei:
Sie reden drinnen schlimm von dir!
Ist dir das etwa einerlei?
Es wäre für dich besser wohl,
wenn du wärest an anderem Ort,
aber ganz bestimmt nicht hier!«

Aber Loki stieß ihn zur Seite:
»Du kannst mir keine Angst bereiten!
Schimpf und Schande will ich über sie bringen
und durch Gift in ihrem Weine,
sie alle zu Boden zwingen!«

So trat er frech, doch vergnügt in die Feierhalle ein.
Der Asen Freude und Lachen,
sollte gleich verstummet sein!
Über Lokis Frechheit waren sie erbost!

Doch Loki sprach zu ihnen ganz getrost:
»Warum schweigt ihr still?
Gibt es keinen, der mit mir reden will?
Heißt mich Platz zu nehmen oder fortzugehn!
Schickt ihr mich fort, sollt ihr euch schämen!«

Bragi erwiderte sogleich:
»Nie mehr sollst du sitzen
in unserem erlesenen Kreis!
Wer zu uns gehört,
jeder der Asen weiß!«

Darauf sprach Loki Odin an:
»Ich dachte nie daran,
dass man vergessen kann,
dass wir vor langer Zeit
einst unser Blut gemischt!«
Dies hat er vorwurfsvoll ihm aufgetischt!

»Damals schworest du,
dass du keinen Becher würdest trinken,
der mir nicht auch geboten sei!
Hast du das etwa vergessen?
Oder ist dieser Schwur dir heute einerlei?«

So sagte Odin, seines Schwures gedenkend:
»Widar, so stehe bitte auf
und mache deinen Platz für Loki frei,
weil er zurecht in unserer Mitte sollte sein!
Und schenke ihm ein, vom Bier, vom Wein!«

Widar gehorchte, wenn auch nicht gern.
Doch eine Ablehnung lag ihm fern!
Loki trank und rief:
»Heil allen Asen und Asinnen!
Allen, außer Bragi gilt mein Gruß,
weil er mir den Sitz verweigerte,
nun er selbst wohl fortgehen muss!«

So begann Loki erneut Zank,
der auf Bragi gerichtet war.
Wenn dieser ihm antwortete,
überschüttete er ihn mit Scheltworten gar!

Doch mischte sich einer der Asen,
um zu schlichten ein.
So sollte der sofort das Ziel von Lokis
hässlichen Tiraden sein!

Immer mehr Göttinnen und Götter traten als Schlichter auf.
Loki schmähte sie alle und schlug verbal auf jeden drauf!
Schändliche Vorwürfe sprach er aus.
Kränkte und verhöhnte sie und ließ keinen einzigen aus!

Er prahlte über sich selbst sogar ganz laut
und rühmte sich seiner Missetaten.
So wurde er mehr und mehr durchschaut!
Vielleicht ahnte er nicht, dass er auf die Reaktion kann warten?

Odin klagte er der Ungerechtigkeit an
und sagte, dass er glaube,
dass er ungestraft die größten Helden töten kann!
Tyr hat er einen törichten Krüppel genannt,
weil ein Wolf ihm einst abgebissen seine Hand.

Auch über Njörd, Frey und Heimdall
kannte er hässliche Geschichten
und er meinte, er müsse darüber vor allen berichten!
»Ich werde dazu keine Zeile dichten!«

Auch die Asinnen verschonte er nicht.
Über Freyas Liebesabenteuer gab er Bericht!
Verleumdete Iduns Tugend sogleich.
An frechen Lügen war er reich!

Selbst über Thors Frau, die sanfte Sif, stieß er üble Lästerungen aus.
Er ahnte nicht, dass er damit Thor forderte heraus!

Über der Asen Drohungen hat er nur gelacht!
Verwies auf die Friedenspflicht,
die Odin ihm in dieser Halle beigebracht!

Als Skadi wütend gegen ihn fuhr,
verlachte er sie nur
und rühmte sich verwegen:
»Unter den Mördern deines Vaters
bin ich einst gewesen
und du kannst nichts tun dagegen!«

Als aber Frigga ihn warnte und Balders, ihres reinen Sohnes gedacht,
hat Loki sich darüber lustig gemacht!
Er gestand sogar, dass er Balder tötete, ein
und dass er verhinderte, dass Balder wieder lebend
unter den Göttern könnte sein!

Da erbebte die Erde! Donnernd rollte Thors Wagen heran.
Drohend hob er den Hammer und rief:
»Sei gewiss, dass der Mjölnir,
dies war des Hammers Name,
deinen Mund für immer schließen kann!«

Doch Loki hatte der Gegenreden noch immer nicht genug!
Thors Abenteuer bei Utgard-Loki er vortrug!
Machte sich lustig darüber,
dass der starke Thor ängstlich im Däumling
des Riesen Handschuh gesessen
und vorgeführt wurde!
Was er sagte, klang mehr als vermessen!

Doch als er dabei in Thors blitzende Augen sah,
ahnte er wohl, was mit ihm gleich geschah.

Loki rief:
»Euch allen habe ich nun
die Meinung gesagt,
wenn auch völlig ungefragt!

Thor, ich zweifle nicht, dass mich dein Hammer trifft.
Dafür wünsche ich dir, in deinem Tranke Gift!

Möge euch alle
und diese ganze Halle,
das Feuer fressen!
Dann würde endlich die Geschichte,
ein für alle Male,
eure Namen vergessen!«

Kaum hatte er diese Verwünschungen gemacht,
sprang er flugs aus der Halle hinaus.
Er schlug hinter sich die Türe zu
und eilte in die Nacht,
in der Hoffnung, dass sie ihn bewacht!

Fern von Asgard verbarg er sich.
Dort wo der Franangerfluss
in den Fjord stürzen muss,
schuf er sich eine neue Welt.
Doch seine Furcht verlor er nicht
und seine Unsicherheit ihm nicht gefällt!

Ein Haus mit vier Türen hat er sich dort gebaut.
In alle Himmelsrichtungen er durch diese schaut,
um jede Annäherung der Asen zu sehn.
Vielleicht könnt ihr seine Furcht verstehn?

Des Tages verwandelte er sich nicht selten in einen Fisch.
Da war er ganz erfinderisch!
Ein Lachs war er meist, der im Wasserfall gespielt.
Ob ihn das von seiner Angst abhielt?

Des Abends zündete er sich im Herd ein Feuer an,
an dem er sich gut wärmen kann!
Aus Garnen knüpfte er ein Netz sich dann.
Diese Kunst durch Loki begann!

Derweil waren die Asen entschlossen,
seinen Frevel nicht mehr zu dulden.
Allein ihrer Ehre sie dies schulden.
Ihren Entschluss sie auch genossen!

Von seinem hohen Sitze aus,
spähte Odin in die Welt hinaus.
Irgendwann gelang es ihm dann,
dass er Lokis Haus entdecken kann!

Gleich machten sich die Asen auf,
um den Bösen zu fangen.
Gemeinsam sind sie aufgebrochen
und zu seinem Hause gegangen.
Vier Türen einzubauen, war geschickt.
Nur darum hat er die heranschleichende
Götterschar rechtzeitig erblickt!

Das Netz, das er geknüpft hatte, ganz geschickt,
warf er rasch in das Feuer hinein.
So sollte die von ihm entwickelte Technik des Knüpfens,
vor den Asen verborgen sein!
Er selbst sprang als Lachs in den Wasserfall.
Dort fühlte er sich sicher und verborgen, in jedem Fall!

Als die Asen in das Haus eindrangen,
hofften sie, ihn dort einzufangen.
Doch das glückte nicht!
Aber in der Asche des Herdes bekamen sie
das nur halb verbrannte Netz zu Gesicht.

Der kluge Heimdall hat es sich angesehn
und er konnte gleich verstehn,
dass es zum Fischfang ward gemacht.
Dass es äußerst nützlich war, hat er gedacht!

Sie suchten und fanden auch das Garn,
welches Loki dafür hatte verwendet.
Auch wenn sein Werk nicht war vollendet,
erkannten die Asen dann,
wie man die Knoten knüpfen muss und kann.

Sofort fingen sie damit an,
ein großes Fangnetz zu knüpfen!
Als es ihnen gelungen war,
begannen sie vor Freude
zu lachen und zu hüpfen.
Denn was Loki sich erdacht,
wurde zu seinem eigenen Fallstrick gemacht!

Sie trugen das Netz zum Fluss
und senkten es hinein.
Die ganze Flussbreite sollte
dadurch gesperret sein.

Auf beiden Seiten wurde durch ein Seil
das breite Netz gehalten.
Auf einer Seite hielt es Thor allein
und auf der anderen alle Asen im Verein.

Sie zogen das Netz vom Wasserfall
in den Fjord, in Richtung Meer.
Das fiel ihnen wohl nicht schwer.
Loki schwamm als Lachs
vor dem Netze her.

Um nicht gefangen zu werden,
drückte er sich zwischen zwei große Steine.
So glitt das Netz über ihn her.
Dieses Mal zu entkommen, fiel ihm leicht.
Bei den nächsten Fangversuchen
wird es sicher wohl sehr schwer!

Die Asen haben schnell verstanden,
dass das Netz zu leicht war
und sie darum Loki nicht fanden.
So beschwerten sie das Netz unten,
wo es am Grunde entlang läuft,
indem sie dort Steine angebunden.

Wieder begannen sie das Netz
vom Wasserfall in Richtung Meer zu ziehen.
So wurde Loki, der Lachs, hin zum Fjord getrieben.
Doch es gelang ihm erneut zu fliehn.

Aus dem Wasser sprang er
über des Netzes oberen Rand.
So er den Weg zurück zum Wasserfall
in eine zweifelhafte Freiheit fand!

Dabei haben die Asen Loki als Lachs erblickt.
Anerkennend fanden sie, er sei geschickt!
Doch die Asen begannen ihre Taktik zu ändern.
Das dritte Mal ward das Netz gezogen,
nun aber auf beiden Seiten von gleich vielen Händen.

Thor aber, der im Flussbett stand,
wartete auf Lokis Sprung,
mit hoch erhobener Hand,
in der sich sein starker Hammer befand.

So ist der Lachs in große Bedrängnis geraten!
Entweder lässt er sich ins Meer nun treiben,
um dort wohl länger zu verweilen,
oder mit einem Sprung über das Netz
versucht er erneut zurückzueilen.
Und das Spiel geht dann von vorne los!
Loki denkt: ›Wie mache ich es bloß?‹

Er entschied sich für den Sprung!
So habe ich es in Erinnerung.
Doch Thor hatte sehr gut aufgepasst
und den Loki im Sprung gefasst!

Er wand sich sehr, um zu entkommen!
Doch darauf hat Thor keine Rücksicht genommen!
Gefangen ward er von den Asen nun
und sein Schicksal hatte mit Gnade nichts zu tun!
Die Asen rächten sich nicht nur an Loki allein,
sein ganzes Geschlecht sollte vernichtet sein!

So schleppte man Wali und Narfi herbei,
damit jeder seiner Söhne bei des Vaters Bestrafung
anwesend und beteiligt sei!
Eine schlimme Rolle ward ihnen dabei zugedacht!
Natürlich haben sie nicht freiwillig mitgemacht!

Wali wurde von den Asen in einen wilden Wolf verwandelt,
der seinen Bruder alsbald zerriss.
Das Gedärm des Getöteten diente als Fessel,
mit der Loki auf einen Stein gebunden worden ist!

Des Steines scharfe Kanten
schnitt tief in Lokis Gliedmaßen ein!
Die Fesseln waren derweil so hart wie Stahl geworden.
Sicher wären sie auch fähig, ihn zu morden!

Nachdem Loki gefesselt war,
holte die wilde Skadi eine Giftschlange gar.
Diese hängte sie über dem Kopfe
des Mörders ihres Vaters auf.
So nahm das Schicksal seinen Lauf.

Der ätzende, giftige Geifer aus der Schlange Maul
tropfte Loki ins Gesicht.
Lokis Frau Sigrun duldete das aber nicht.
Sie setzte sich zu ihrem geknebelten Mann
und in einer Schüssel sie das Gift aufzufangen begann!

Doch ein Problem ergab sich gar,
immer wenn die Schüssel gefüllet war,
konnte Sigrun sie entleeren.
Wofür hat das denn wohl genützt?

In dem Moment musste Loki
die Hilfe seiner Frau entbehren!
Bis sie dann zurückgekommen,
war Loki völlig ungeschützt
und hat das Gift der Schlange
in Mund, Nase, Ohren und Augen aufgenommen.

Davon ward er verletzt
und in starke Zuckungen versetzt!
Durch sie ist die Erde erbebt.
So etwas hatten die Menschen noch niemals erlebt!

Derart gefesselt und gefoltert
musste er sehr lange Zeit liegen,
bis der Tod nach schwerem Leiden,
ihn endlich konnte erlösen und besiegen!

UND DIE MORAL VON DER GESCHICHT':

Irgendwann führt jede Untat
den Täter vor Gericht!
Strafe folgt dann auf dem Fuß,
weil das für böse Taten stets sein muss!
Doch die Strafe der Asen hatte nur Rache zum Ziel.
Wie sie straften, uns gewiss nicht gefiel!

174

HELGI UND SIGRUN

IN der Nacht, die vom Monde erleuchtet war,
da Borghild von Bralund dem König Sigmund
ihr Kind, den Helgi, gebar,
kamen die Nornen in die Burg gegangen
und haben im Mondlicht ihre goldenen Fäden,
nach allen Richtungen des Himmels,
zu spinnen und zu ziehen angefangen.

In der Mitte der Fäden lag Helgis Los!
Der kühnste Held sollte er werden und der edelste Fürst!
Kein anderer sei wie er so groß!

Von einem hohlen Baume rief ein hungriger Rabe
diese Neuigkeit ins Land,
hat seinen Freunden sie gesandt!
Er hatte wohl eines Sehers Gabe.

Des Knaben Mutter hörte das wohl und was sie davon verstand,
sie außerordentlich erfreulich fand!
Folgendes gab der Rabe bekannt:

»Sigmunds Sohn wird Brünne und Schwert wohl tragen,
unser Tag bricht an!
Die Augen des Knaben funkeln hell.
Wölfe und uns Raben wird er füttern, gar schnell.
Es gibt nichts Besseres, was ich euch berichten kann!«

Das Volk wünschte Glück zum Königserben.
Der Vater war voll der Freude, nichts konnte sie verderben!
Er eilte vom Schlachtfeld zur Wiege hin
und legte dem Sohn einen grünen Zweig auf das Kissen.

Niemals sollte er den vermissen.
Wie ein junger Baum wuchs Helgi also auf.
Das war des Vaters, des Königs, Sinn!
Wer nachdenkt, kommt von selbst darauf!

Doch schon in seinen jungen Jahren,
hat Helgi großes Leid erfahren!
Er war noch ein Kind, da wurde sein Vater im Kampfe
von König Hunding erschlagen.
Das Vermächtnis Sigmunds musste Helgi, sein Sohn, nun tragen!

Hagal verbarg Helgi vor den Feinden in seinem Haus.
Magdkleider wurden ihm angezogen,
das ist wirklich nicht gelogen.
In der Mühle tat er Dienst sodann.

Da kamen auch schon Hundings Späher an,
die versuchten, ob man Sigmunds Sohn vielleicht einfangen kann.
Erstaunt blieben sie stehen,
haben die scharfen Augen der Magd gesehen
und die Kraft, die in ihren Armen steckt.

»Statt der Mahlstange gehört ein Schwert
in solch eine starke Hand!«,
dies einer der Späher wohl fand,
der die kräftige Magd entdeckt'.

Hagal konnte darauf reagieren
und Folgendes insistieren:
»Eine Königstochter ist's,
das ist sicher ganz gewiss,
die sonst als Schildjungfrau ist geritten
und viele Männer bezwang
nicht nur tage- sondern jahrelang!
Ehe mein Herr sie fing und zu dieser Arbeit zwang!«

So war Hagal die Täuschung geglückt!
Sie fanden Helgi nicht und sind unverrichteter Dinge abgerückt!
Aber Helgi blieb nicht in der Mühle,
nein, er hatte ganz andere Ziele!

Mit Kriegsschiffen ist er als Jüngling
in den Kampf gezogen,
bis er König Hunding traf!
Dann sind Schwerthiebe
durch die Luft geflogen.

Einer Finte Helgis ist der König erlegen!
Sein war die Rache,
so hat man ihm den Beinamen Hundingstöter gegeben!

Nach der Schlacht hieß er die Schiffe Anker werfen.
Ein jeder begann seine Waffen zu schärfen.
Sie jagten Wild und aßen rohes Fleisch,
ohne ihre Rüstungen abzulegen,
der ständigen Angriffsgefahr wegen!

Da sah Helgi erstmals Sigrun.
Sie kam durch die Luft hin zu den Schiffen geritten.
Das gelang ihr, weil sie eine Walküre war!
Diese Tatsache ist unbestritten!

Sie sprach: »Wer bist du und wo ist deine Heimat?«
Doch Helgi verbarg seinen Namen,
nannte ihn der Walküre nicht!
»Hamal ist mein Name«, dies er spricht.

»Wo kämpfst du?«, fragte sie sogleich.
»Deine Brünne ist von Blutspritzern reich!
Und rohes Fleisch zu essen,
ohne die Helme abzunehmen,
bedeutet, ihr seid auf Kriegszug!
Sollte das nicht stimmen,
müsste ich mich schämen!«

Weitere Ablenkungen ließ sie nicht zu
und sagte: »Helgi bist du,
der König Hunding im Rachekampfe umgebracht.
Ich sah ihn hinsinken
und habe über seinen Gegner nachgedacht!

Klug ist es, im Kriege seinen Namen nicht zu nennen, zu verhehlen.
Musst nicht jedem dein Geschlecht benennen
und vom Rachekampf erzählen!«
»Wie kannst du das wissen, wer ich bin?
Wie kam dir dieser Name in den Sinn?«

Das fragte Helgi Sigrun gleich.
»Die Erde ist an jungen Helden reich!
Einer sieht in der Rüstung wie jeder andere aus!
Welch ein Märchen machtest du daraus?«

Aber Sigrun antwortete: »Ich habe dich gesehen,
ganz vorn auf deinem Langschiff stehen!
Der blutige Steven war unter deinem Fuß,
den eine eiskalte Welle umspülen muss!

Vor mir kannst du dich nicht verbergen!
Das sollst du dir für immer merken!
Denn die Walküre erkennt,
den ihr vorausgesagten Mann.«
Dann ritt sie von dannen und rief:
»Wir sehen uns also wieder, irgendwann!«

Aber der Kampf tobte weiter
zwischen Sigmunds und Hundings Geschlecht.
Hundings Söhne forderten Buße
für den erschlagenen Vater.
Doch Helgi verweigerte sie mit Recht!

Da traten sie mit Heeresmacht gegen ihn an.
Auf dem Logafeld stießen die Heere zusammen
und ein blutiger Kampf begann!
Einen ganzen Tag tobte die Schlacht.
Helgi hat darin vier Söhne Hundings erschlagen.
Die Opfer waren zahllos und nicht zu ertragen.

Indessen war Sigrun aufgebrochen,
um Helgi zu suchen.
Ihr Vater hatte sie nämlich
Hödbrodd, dem Sohne König Granmars,
zum Weibe versprochen.

In der Königsversammlung
wurde Sigrun ungefragt verlobt!
Entschieden hat sie, den Bräutigam zurückgewiesen
und mit Widerwillen getobt!

Als sie Helgi hat gefunden,
nach der Suche vieler Tage und Stunden,
trat sie stürmisch vor ihm hin,
denn nur eines hatte sie im Sinn!

Sie zog seine Hand an ihr Herz
und küsste ihn auf den Mund.
Da wusste er, dass er sie liebte,
sogleich sofort, zur selben Stund!

Sie sprach: »Dem Hödbrodd wurde ich
von meinem Vater versprochen.
Meine Zustimmung gab es nicht,
so hab' ich das Versprechen nicht gebrochen!
Dich allein will ich zum Mann,
auch wenn ich des Vaters Lieblingswunsch
damit nicht erfüllen kann!

Der Zorn meiner Sippe
ist mir für ewig gewiss!«
Helgi erwiderte: »Fürchte den Zorn deiner Sippe
und deines Vaters nicht!
Mit mir sollst du leben,
alles andere vergiss!«

Helgi sammelte nun ein mächtiges Heer
und segelte mit allen Schiffen über das Meer.
Ein Unwetter überstanden sie mit Not,
bis die gesuchte Bucht ihnen Schutz und Rettung bot.

Hoch vom Berge sahen sich Granmars Söhne
die Landung der Flotte an.
Einen Späher schickte man
zum nahen Strande dann.

Der rief: »Wer ist der Fürst, der dieses Heer wohl führt?«
»Helgi kam, um Hödbrodd zu treffen!«,
antwortete Helgis Sundwart ungerührt.
»Er will mit ihm kämpfen und nicht sprechen!«

Scheltworte und Schmähungen wechselten beide Seiten dann.
So war es üblich, vor dem Kampfe machte man sich an!
Wolln sehn, wer die Schlacht entscheiden kann?
»Gehe hin und bringe die Kriegserklärung deinem Herrn!
Zum Kampfe treffen würden wir euch am Wolfssteine gern!«

So riefen Granmars Söhne ihr großes Heer zusammen.
Boten wurden an alle Fürsten gesandt:
»Findet euch am Wolfsstein ein,
wir benötigen zum Kampfe jede Hand!«
Und die Fürsten mit ihren Kriegern kamen!

Auch König Högni war mit seinen Söhnen
Bragi und Dag gekommen.
Sie haben an der Schlacht teilgenommen!

Wie vom Sturmwinde getrieben,
sich die Heere in der Schlacht ineinander schieben!
Ein unvorstellbares Gemetzel setzte ein.
Am Ende sollte Helgis Heer siegreich sein!

Granmars Söhne wurden erschlagen!
Alle Fürsten ihres Heeres hörte man
sterbend schreien und klagen.
Sigruns Vater und ihre Brüder Högni und Bragi verloren ihr Leben!
Übrig blieb nur ihr jüngerer Bruder Dag.
Er musste Helgi seinen Treueschwur geben!

Als Sigrun am Abend über das Schlachtfeld ging,
sah sie König Hödbrodd sterbend liegen.
Auch ihn konnte Helgi besiegen.

Sie sprach ihn an:
»Sigrun wird nicht in deinen Armen ruhn!
Nichts hab' ich mit dir nun mehr zu tun!
Und du wirst niemals mein Mann,
denn bald schon fassen Raben und Wölfe
die Granmersöhne an!«

Nun schritt sie weiter fort.
Traf dort Helgi lebend an diesem Ort.
Wie lachte sie vor lauter Glück!
Aber Helgi sprach: »Nicht alles Geliebte ging nach Wunsch,
die Nornen bestimmten anders, das Geschick!

In der Frühe sind am Wolfsstein Högni und Bragi gefallen.
Das waren die Ersten von den Recken allen.
Tapfer haben sie gekämpft,
doch sie waren mir unterlegen.
Ich trauere um sie deswegen!

Es war dein Los, Sigrun, nicht deine Schuld,
dass du Fehde stiftetest unter den Fürsten all.
Weine nicht! Mir brachtest du Schlachtenglück.
Das Schicksal kann niemand wenden.
Läuft es gut, nennt man es Glück!
Läuft es schlecht, dann nennt man es ein böses Geschick!
So war es auch in diesem Fall!«

Sigrun wurde Helgis Weib.
Kraftvolle Söhne hat sie ihm geboren!
Aber ihm war ein früher Tod bestimmt.
Das hatte sich, seinen Treueeid vergessend,
ihr Bruder Dag geschworen!

Er hatte Odin ein Opfer
für die Vaterrache dargebracht.
Der Gott hat ihm dafür seinen Speer,
diese unwiderstehliche Waffe vermacht.

Damit schritt Dag in den Wald hinein.
Als er Helgi dort traf, sollte das sein Ende sein!
Er durchbohrte Helgis Brust.
Wieder entstand aus Rache nur Frust!

Der Mörder brachte Sigrun, seiner Schwester,
selbst die Kunde von seiner bösen Tat,
die er gerade an ihrem Manne begangen hat:
»Voll vom Schmerz komme ich zu dir, Schwester,
um dir Trauriges zu verkünden!

Deinen Gatten wirst du nie mehr lebend wiederfinden!
Hab' den Vater gerächt, wie es Odins heiliges Gesetz bestimmt!
Nun eine neue Zeitrechnung beginnt!«

Kaum, dass Sigrun das gehört,
sie dem Bruder schlimmste Verwünschungen schwört:
»All deine falschen Eide, die du Helgi
auf Leben und Tod geschworen,
sollen dich bald schon in die Unterwelt holen!

Kein Schiff soll mehr unter dir fahren,
wie der Wind auch die Segel bläht!
Kannst dich vom Feinde nicht entfernen,
überall kommst du zu spät!

Dein Ross soll dich nicht tragen,
wie sehr dich die Feinde auch jagen!
Keine Flucht soll dir mehr glücken,
an deinen falschen Schwüren magst du ersticken!

Wohin du auch schlägst,
dein Schwert soll nicht treffen, nicht schneiden!
Es sei denn, dein eigenes Haupt
oder dich selbst auszuweiden!

Erst dann hätte ich für Helgi Rache genug,
gegen den von dir begangenen Betrug,
wenn du wärest, wie der Wolf im Walde,
freudlos, friedlos, hungernd
und berstend vor Aas und das schon balde!«

Entsetzt hob Dag ihr seine Hände entgegen:
»Bist du wahnsinnig, deiner Flüche wegen,
die du gegen den Bruder richtest vor Hass?
Ich tat nur das, was ich tun musste!
Weil ich Odins Gesetz nicht vergaß!
Er gebot mir, den Vater zu rächen,
und das steht über dem, von mir Helgi gegebenen Versprechen!

Ich biete dir goldene Ringe als meine Sühne an.
Dazu noch das halbe Reich für deine Söhne irgendwann!«

Aber Sigrun achtete seiner nicht.
Sie beklagte den Helden
und sie folgende Worte spricht:
»Nie mehr wird mich mein Leben erfreun,
wenn mein Fürst nicht zurückkehrt
und an meiner Seite wird sein!

Strahlend unter seinen Kämpfern,
auf goldgezäumtem Rosse möchte ich ihn sehn!
Seine Feinde sollen vor Angst fliehend untergehn!

Alle Helden soll er überragen,
wie die edle Esche, die Büsche, die Dornen tragen!
Dies bleibt mir nur noch zu sagen!

Er soll sein, wie der Hirsch im Morgengrauen,
der sein Geweih über alles Wild erhebt,
als wenn sein schönster Schmuck
glänzend zum Himmel hinauf strebt!«

Ein Grabhügel wurde Helgi errichtet.
Keinen Tag und keine Nacht hat Sigrun darauf verzichtet,
ihren Helden zu beweinen,
als würde nie mehr die Sonne scheinen!

Sie wusste wohl, dass er in Walhall
bei den gefallenen Helden würde sein.
Doch sie ertrug es nicht,
dass sie ohne ihn war, so allein!

Aber eines Abends ging Sigruns Magd zu dem heiligen Hügel hin.
Was hatte sie dort nur im Sinn?
Da kam Helgi durch die Luft geritten,
mit seiner großen Schar, dem Hügel zu!

Zweifelnd fragte sie sich: *Ist das Trug meiner Sinne?*
Ich dachte, er schläft in Todesruh!
Oder brach bereits das Weltende an,
sodass ein Toter reiten kann?!

Während Helgi in den Hügel ritt,
der sich ganz weit aufgetan,
sprach er die Magd wohl an.
Eine Botschaft für Sigrun hat er ihr aufgetragen.
Sie lief schnell heim, um sie der Herrin aufzusagen:

»Laufe schnell, wenn du um deinen Mann magst hoffen.
Ich sah ihn reiten, der Hügel stand offen!
Seine Speerwunde tropfte und er sagte, es sei sein Wille,
dass du zu ihm kommst und ihm die Blutung stille!«

Eilig lief Sigrun zum Hügel hin und umarmte ihren Mann:
»Ich küsse dich und bin so froh, dass ich dich wiedersehen kann!

Aber auf deinem Haare liegt Reif.
Du triefst vor kaltem Tau.
Deine Hände sind wie Eis.
Dass du tot bist, ich nun begreif!
Sag, wie kann dir Hilfe werden?«

Er antwortete: »Höre auf, dich zu beschweren,
und höre auf um mich zu weinen
und dich gegen meinen Tod zu wehren!

Denn jede deiner Tränen fällt mir blutig auf die Brust,
eiskalt und bleischwer! Sag, hast du das denn nicht gewusst?«

Da bot sie ihm Wein in einem Becher an,
den er mit ihr sich teilen kann.
Er trank und sprach sodann:

»Den Wein, den du mir gabst,
mag ich gar sehr genießen!
Verlor ich auch mein Leben und mein schönes Land,
so soll mich das doch nicht verdrießen!

Schon bald wirst du als Braut bei mir sein,
in diesem Grabhügel mein.
Dann bin ich nicht mehr so allein.
Ich warte auf dich und hoffe,
dass deine Tränen nun nicht mehr fließen!«

Sigrun bereitete das Bett im Hügel gleich:
»So schlafe in meinen Armen, Liebster,
das macht mich glücklich und reich!«
Und Helgi antwortete:
»Nun kann uns nichts mehr unmöglich sein,
wenn du warmes Leben,
mit mir, dem kalten Entseelten,
im Arme schläfst gleich glücklich ein!«

Beim Morgendämmern erhob sich Helgi
und sprach zu Sigrun:
»Nun ist es hohe Zeit, der Himmel rötet sich schon.
Für immer verlasse ich meinen Thron!
Ich muss den luftigen Weg nun ziehn
und damit dir und unserer, gar so guten, Zeit entfliehn!

An der Himmelsbrücke muss ich alsbald sein,
noch ehe der Hahn im Saale die Helden weckt allein!«

Er stieg auf sein Ross und ritt für immer davon,
mit seinem Gefolge, das so groß! Sigrun aber kehrte heim.
Es konnte ja nicht anders sein!
Sie schickte die Magd, um am Grabhügel Wache zu stehn.
Aber dort wartete sie vergebens,
sollte den gefallenen Helden kein einziges Mal mehr wiedersehn!

Sigrun starb bald darauf vor großer Trauer und tiefem Leid.
So kam für sie auch, wie prophezeit, die baldige Abschiedszeit.
In Helgis Grabhügel wurde sie beigesetzt.
Nun sind sie beieinander, bis alles vergeht, so ganz zuletzt!

Aber die Menschen glaubten daran,
dass Helgi und Sigrun wieder geboren werden irgendwann,
weil eine so große Liebe niemals sterben und enden kann!

UND DIE MORAL VON DER GESCHICHT':

Folge falschen Gesetzen nicht,
die dir gebieten,
aus Rache zu töten!
Denn dabei erkennt man
keinen Anfang und kein Ende
und niemals zum Guten eine Wende!
Darum ist das keines Menschen Pflicht!
Doch Liebe und Treue
bis über den Tod hinaus,
das macht nicht selten das Denken
und auch das Handeln
glücklich verliebter Menschen aus!

FRITHJOF UND INGEBORG

AM Sognefjord haben zwei Grabhügel gelegen.
In einem ruhte König Beli
und in dem anderen Thorstein,
sein liebster Genosse und Freund,
welche sie waren, in ihrem ganzen Leben!

Belis Tochter Ingeborg und Thorsteins Sohn Frithjof
haben ihre Kindheit gemeinsam verbracht.
Ihre Freundschaft hat beide Väter glücklich gemacht!
So wünschten sie sich gar sehr,
dass es mit den Königssöhnen Helgi und Halfdan
sowie Frithjof, dem Sohn des mächtigen Freibauern,
ganz genau so wär!

In Freundschaft und Treue sollten sie zusammenhalten.
Dies war der sehnlichste Wunsch ihrer Väter, der alten!

Frithjof ist ein starker und schöner Jüngling gewesen.
Der Freunde hatte er gar viele, stolz und auserlesen.

Doch am meisten liebte er seinen Milchbruder Björn.
Oft standen sie gemeinsam
am Bug des schnellen Schiffes *Ellidi*,
das Frithjof gehörte, und schauten in die unbekannte Fern'.

Auch saßen sie oft auf dem Hochsitz des stolzen Hofes *Framnäs*
und jagten gemeinsam das Wild ganz standesgemäß.

Der Freibauernhof war reich an Äckern, Wald und Vieh.
Auch kostbare Besitztümer und Kleinodien besaßen sie.

Aus Thorsteins Erbe ragten ein berühmtes Schwert
und ein Armring von Gold heraus,
denen nichts gleichkam im Nordland,
in jedem beliebigen anderen Haus!

Die Königssöhne waren darob vom Neide geplagt!
Nicht selten hat einer zum anderen gesagt:
»Wie ist es wohl möglich, dass ein Gefolgsmann
reicher als sein König sein kann?«

Doch Ingeborg blieb Frithjof stets,
in großer Herzlichkeit zugetan!
Der Neid ihrer Brüder
rührte sie niemals an!

194

Als nach altem Brauche die drei Kinder König Belis
zum jährlichen Gastmahl in Frithjofs Halle erschienen,
blieben die Brüder schweigsam
und machten neidvolle Mienen!

Dies nur, weil sie die Pracht des Festes verdross.
Welche im Gegensatz zu ihnen, ihre liebe Schwester genoss!

Ingeborg war glücklich und heiter gestimmt!
Den kostbaren Ring sie immer wieder
in ihre schönen Hände nimmt
und sie pries ihn gar sehr,
als wenn er das schönste Kleinod,
das sie jemals sah, wohl wär!

»Hätte ich ihn selbst erworben«, meinte Frithjof,
»so freute ich mich seiner noch viel mehr!
Doch wenn du, liebe Ingeborg,
ihn haben möchtest, dann gäbe ich ihn dir gerne her!

Mein Geschenk an dich soll er sein!
Doch ich bitte dich, stimme darin ein,
willst du ihn irgendwann nicht mehr tragen,
dann gib ihn zurück, mir allein.
Das wollte ich dir sagen.
Weitergeben darfst du ihn nicht!«
Dies zu Ingeborg der Frithjof spricht.

Sie antwortete: »Niemals gebe ich dir den Ring zurück!
Bedeutet er mir doch großes Glück!
Meinen Ring will ich dir zum Tausche dafür geben.
Sie sollen beide Zeichen sein,
für unsere Verbundenheit im Leben!«

So wurde der Ringtausch dann vollzogen.
Frithjofs freudige Gedanken,
wohl hoch zum Himmel flogen!
Sie durchbrachen alle Schranken!

Er war sich ganz sicher nun,
dass er um Ingeborg
bei ihren Brüdern werben muss
und er wollte das auch tun!

Doch die Feindseligkeit ihrer königlichen Brüder
bereitete ihm wohl Sorge und Verdruss!

Doch Björn riet ihm: »Den Versuch solltest du wohl wagen!
Wolln sehn, was sie zu deinem Begehren werden sagen!«

Beide machten sich auf den Weg sodann
und trafen die Königssöhne
Helgi und Halfdan
auf Belis Grabhügel sitzend an.

Frithjof grüßte sie freundlich
und ohne Umschweife trug er seinen Antrag vor:
»Ich bin zu euch gekommen,
um zu erbitten Ingeborgs Hand.
Hätte sie gern zu meiner Frau genommen
und heimgeführet in mein schönes Land!«
Natürlich erreichte dieser Satz der Brüder Ohr.

Langsam und frostig antwortete Helgi ihm:
»Deine Wünsche lassen zu hoch dich fliegen!
Meine Schwester wirst als Frau du niemals kriegen!

Da kein Makel an ihr ist,
du auch nicht der rechte Bräutigam bist!
Unter ihrem Range soll sie nicht verheiratet sein!«
Und auch Halfdan stimmte ein!

Solche Schmach ward Frithjof
noch niemals angetan!
Er sie den beiden nie verzeihen kann!
Darum kündigte er den königlichen Brüdern,
an der Grabstätte ihrer Väter,
die Freundschaft und Gefolgschaft auf.
Ihre Väter würden sich im Grabe umdrehn,
da kam er in diesem Momente drauf!

Über Schweden herrschte damals,
alt und mächtig, König Ring.
Als er davon erfuhr,
dass die zwei Brüder ohne Frithjofs Gefolgschaft waren nur,
dachte er, es wäre für ihn nun ein gar leichtes Ding,
dass ihre Unterwerfung ihm ganz sicherlich,
ohne große Mühe, gelingt!

Der Augenblick war nun für ihn gekommen,
dass der beiden Könige Land wird eingenommen!

Darum sandte er Boten
und stellte sie vor die Wahl,
entweder Zins zu zahlen oder zu kämpfen.
Dann wäre die Unterwerfung ihre Qual!

Darauf versammelten sie ihr Kriegsvolk gar
und entsetzt stellten sie fest,
dass mit der geringen Kämpferschar
sich kein Erfolg versprechender Krieg führen lässt
und kein Blumentopf zu gewinnen war!

So schickten sie ihre Boten zu Frithjof hin,
ihn um eine erneute Gefolgschaft zu bitten,
genau danach stand ihnen der Sinn.
Doch dieser antwortete auf die Schnelle:
»Meldet dem König, dass ich ihnen meine Krieger nicht stelle!«

Notgedrungen haben sich die Könige
allein auf den Weg gemacht.
Doch bevor sie in den Krieg zogen,
wurde ihre Schwester Ingeborg in Balders Hain gebracht.

Dort sich ein Tempel und eine Opferstätte befand,
wo sie Schutz und Unterstützung fand.
Kein Mann, außer den Königen,
durfte betreten den Hain.
Das sollte wichtig für die Schutzfunktion sein!

So glaubten die Brüder
Ingeborg sicher vor Frithjof geborgen
und machten sich darum keine Sorgen!
Doch kaum waren sie fort,
zog Frithjof mit seinen Getreuen
hin zu dem Wallfahrtsort.

Von Ingeborg und ihren Frauen
wurden sie freundlich empfangen.
Doch sie hatte Sorgen, des Frevels wegen!
Aber Frithjof stimmte fröhlich dagegen:

»Was kümmert mich Balder?
Auch deine Brüder sind mir einerlei!
Bei dir will ich sitzen, gleichviel wo es auch sei!«
Das sagte er verwegen!

Für Ingeborgs Brüder mit der kleinen Schar,
der Krieg gegen König Ring,
Bevor er begann, schon zu Ende war!
Sie sahen dessen Kriegerschar
und lenkten feige ein!
Ab sofort sollte der Zins bezahlet sein!

Doch viel schlimmer noch
ist es für Ingeborg gekommen.
Ihre Brüder boten sie König Ring
als dessen Ehefrau an
und der hat dieses Angebot
dankend angenommen!

Als Helgi und Halfdan heimkamen
und von Frithjofs Besuchen
bei Ingeborg hatten erfahren,
klagten sie den Frevler vor dem Think,
dem damaligen Versammlungs- und Richtplatz, an.

Zu ihrer Genugtuung wurde Frithjof
von der Versammlung schuldig gesprochen.
Derart wurde der Stab
über den jungen Helden gebrochen!

Ihm wurde als Strafe auferlegt,
dass er den furchtbar langen Weg
zum Jarl Angantyr mit seinem Schiffe zurücklegt.

Dort sollte er den Jarl zur Zahlung ausstehender Zinsen,
die er sehr lang schon zu zahlen vergaß,
an die beiden Königssöhne zwingen!
Sodann das Geld ihnen überbringen.
Das sollte ihnen wohl gelingen,
denn Frithjofs Mannen verstanden keinen Spaß!

Den beiden Königen aber wurde der Schwur abverlangt,
in Frithjofs Abwesenheit
sein Land und seinen Besitz
nicht anzurühren!
Täten sie es trotzdem,
sollten sie die Härte des Gesetzes spüren!

Mit Björn und seinen zwölf Gesellen
stach Frithjof in See.
Da war längst schon
König Ring in der Näh',
Um Ingeborg, die ihm
als Braut versprochen, abzuholen.

In Furcht vor Frithjof zitterten die Königssöhne sehr.
Doch Helgis Hass auf ihn wog noch viel mehr!

Kaum das Frithjof mit seinem Schiff
Ellidi und seinen Freunden
zu der Küste des Jarls Angantyr abgelegt,
sprach Helgi zum Bruder Halfdan ganz erregt:
»So willig, wie der Thing es hat beschlossen,
mit all seinen anwesenden Genossen,
soll uns Frithjof nicht entkommen!

Sein Leben wird ihm nun genommen
und sein Besitz, sein stolzes Haus,
soll nun in Flammen gleich aufgehn!
Keiner ahnt, wie das geschehn!«

Ihren Eiden untreu werdend,
verbrannten sie Frithjofs Gehöft!
Sie klatschten freudvoll in die Hände,
ihre geglückte Tat fanden sie nicht schlecht!

202

Zwei Wetterhexen stellten sie an,
die dem Helden Unwetter zurichten dann.
Die Weiber haben auf dem Dachgebälk gesessen,
und sagten ihre Sprüchlein auf, ganz unvermessen!
So wurde vom Sturme das Schiff gepackt,
so sehr, dass jede Planke knackt!

»Zu Ingeborg, nach Baldershaim,
fuhr es sich leichter! Kann das sein?«
Das fiel Björn dazu wohl ein.
»Aber in diesem Getöse
kann man besser sehen,
ob ihr tüchtige Kerle seid
und zum Widerstand gegen Unbill bereit!«

Frithjof antwortete:
»Man muss zufrieden sein, wie es auch fällt!
Helgis Geschenk kommt nicht unerwartet!
Er hat es gewiss für die Reise
bei den Wetterhexen bestellt!«

Doch die Gesellen hatten Mut und Kraft.
Keiner verzagte, sie packten an.
So haben sie ihr Schiff glücklich und heil
durch diesen Sturm gebracht!

Wie Berge hoben sich die Wogen.
Ellidi, Frithjofs Schiff,
ist davon hin und her geflogen!
Die Flut schlug über Bord und füllte des Schiffes Raum.

»So gut, wie Ingeborgs Wein,
schmeckt diese Brühe kaum!«,
sagte Björn mit Wasser im Mund.
»Nimm es als Abwechslung!«, tat Frithjof kund.

Aber während sie mit den Gewalten rangen,
hat er an Ingeborg zu denken angefangen.
Er dachte daran, wie sie in Liebe
ihre goldenen Ringe getauscht
und wie sie sich in Baldershaim
an ihren süßen Küssen berauscht!

Es schien ihm ein bitteres Schicksal zu sein,
dass sie nun im Arm eines anderen sollte ruhn
und er blieb ohne sie allein!
Am schlimmsten aber war es,
dass er dagegen so gar nichts konnte tun!

Als er an all das dachte, genau in dem Moment,
schlug eine riesige Welle über die Bordwand ungehemmt.

Sie riss vier seiner Gefährten
in den sicheren Tod!
Sehr groß war nun der Menschen
auf des schnellen Schiffes Not!

Frithjof schien nun, der Untergang
seines Schiffes ganz gewiss,
und weil das sicherlich so ist,
fasste er einen wichtigen Beschluss!

Er zerhackte mit seinem Schwerte den Goldring,
den Ingeborg ihm einst geschenkt.
Weil er damit das Schicksal all seiner Genossen lenkt!
Jeder bekam ein Stückchen von dem Gold,
weil keiner ohne Gastgeschenk in Hels Halle eintreten sollt!

Aber noch hielten sie aus!
Sie kämpften tapfer gegen den Garaus!
Es gelang ihnen, das Schiff in den Wind zu drehen,
dass es in schneller Fahrt dahinflog.
Frithjof aber stieg auf den Mast hinauf,
um von droben nach Land auszuspähen!

Als er herabkam, sagte er zu Björn:
»Rettendes Land ist nah, nicht fern!
Doch Helgi hat uns einen Zauber zugerichtet!
Schau hin, zwischen uns und dem Land
schwimmt ein riesiger Wal.
Die Feinde hoffen, dass der uns vernichtet!«

Nun stieg Björn hinauf,
um das alles zu verstehn!
Er rief: »Auf des Wales Rücken
kann ich zwei Ungeheuer erblicken!

Zwei alte Weiber sind's, die uns Helgi konnte schicken!
Eines hat einen Schneepelz an.
Man es mit einem Eisbären vergleichen kann!

Das zweite Weib peitscht die Flut mit Adlerflügeln,
es will damit unseren Tod besiegeln!
Ich denke, das tut es zum Zeitvertreib!

Wir haben nur ein Mittel parat,
welches uns den sicheren Tod erspart.
Ellidis Kiel! Er verträgt gewiss sehr viel!
Er kann des Wales Rückgrat brechen!
Lieber Freund, das ist mein Versprechen!«

Schon packte Frithjof des Schiffes Steuer an
und lenkte es in Richtung auf den großen Wal sodann.
Es schnitt durch ihn hindurch, als wäre es ein scharfes Schwert.
Dass das glückte, war ein Wunder und gewiss auch ehrenwert!

Davon barsten die Hexen auseinand.
Eine jede den sicheren Tod im Meere fand!
Im selben Augenblick, als das geschah,
fielen auf Helgis Hof die beiden Zauberweiber vom Gebälk
und brachen sich Knochen und Hälse!
Genau so war es, ja!

Kaum war das geschehen,
konnten sie das Glätten der Wellen sehen.
Der Wind legte sich,
sie kamen glücklich an Land.

Frithjof nun neue Hoffnung fand:
»Mir scheint, es wird noch Wege geben
für Ingeborg und mich,
als glückliches Paar zusammenzuleben!«

In Angantyrs Land waren sie gekommen.
Ihr wisst doch noch, dort sollten sie
den nicht bezahlten Zins für die Königssöhne verlangen
und vielleicht auch bekommen!

Angantyrs Halle stand nah am Strand.
Dass er darin gern mit seinen Mannen feierte,
das war überall bekannt.
Hallward war von ihm als Späher aufgestellt,
denn Überraschungen waren dem Jarl vergällt!

So hat er auch Ellidis Kampf gegen Wind und Wellen gesehn
und die glücklich Gelandeten am Ufer dort gehen.

Er hat Frithjof erkannt
und dem Jarl Meldung gemacht.
Sie in Ehren zu empfangen,
daran hat Angantyr gedacht.
Nur Atli, des Herrn stärkster Berserker,
hatte wohl Streit im Sinn!

Er sprach: »Nun gehe ich zu Frithjof hin und frage ihn,
ob er wirklich den Schwur gemacht,
dass er nie zuerst um Frieden bittet?
Bin gespannt, was er antwortet!«
Und dann hat er nur noch gelacht!

Er ließ sich nicht aufhalten,
lief zum Strand und kam erst bei Frithjof zum Halten!
Er rief: »Mache dein gegebenes Wort nun wahr.
Kämpfe mit mir auf Tod und Leben,
oder willst du vielleicht doch
um Frieden bitten gar?«

»Kommt heran«, rief Frithjof,
»das ganze Dutzend auf einmal,
wenn ihr feige genug dazu seid!
Ich bin trotz starker Schwächung
gerne gegen euch kampfbereit!«

Sie gingen aufeinander los!
Wie dumm ist das denn bloß?
Aber Hallward kam rechtzeitig an,
warf sich zwischen sie, so er beendet den Kampf,
bevor er richtig begann!

»Der Jarl gebietet Frieden.
Der sei unseren Gästen wohl beschieden!
Tretet in die Halle ein.
Ehrenvoll sollt ihr empfangen sein!«

Angantyr nahm Frithjof und die Seinen hocherfreut nun auf.
Er sagte: »Ihr Helden, ich komme nicht darauf,
warum ihr diese Fahrt habt durchgeführt
und was der Anlass dafür war,
dass genau das ist passiert!«

So erzählte Frithjof von der Hinterlist,
mit der jeder der jungen Könige ihm begegnet ist!
Auch von der Liebe zu Ingeborg
berichtete er dem Jarl Angantyr
und von der Strafe, die er bekam dafür!

»So musste ich denn Segel setzen,
fahren zu dir durch Sturm,
gegen Zauberei und Regen,
nur deiner nicht bezahlten Zinsen wegen!«

Angantyrs Antwort kam präzis:
»Die beiden Brüder taugen nichts,
sind hinterhältig, bös und mies!
Solchen Königen werde ich nie Zins entrichten!
Darauf müssen sie verzichten!«

Aber Frithjof, der als Bote kam,
er sofort in seine Arme nahm!
»Dir will ich das Gold gern geben.
Kannst damit machen, was du willst!
Ich weiß, du wirst nur nach Edlem streben!

Als guten Freund möchte ich dich haben.
Bleibe mit allen deinen Leuten
den ganzen Winter bei mir.
Wir werden uns sehr gut vertragen!
Ich hoffe, du weißt,
was dieser Vorschlag soll bedeuten!«
Und so ist es auch gekommen,
sie haben des Jarls Einladung angenommen!

…

Springen wir nun in Gedanken über das Meer.
Denn in Gedanken gibt es keine Schranken,
darum fällt uns das nicht schwer!
Längst schon war König Ring angekommen
und wollte Ingeborg heimführen.
Dass das nicht leicht für sie war,
wird ganz sicher angenommen,
denn Frithjofs Liebe konnte ihr Herz berühren!

Als sie dann beim Brautmahl gesessen
und die köstlichen Speisen gegessen,
sah König Ring den Goldreifen an Ingeborgs Arm.

Er wollte wissen, von wem sie den bekam?
Sie antwortete: »Als Erbstück ich ihn in Empfang einst nahm!«

Doch der König sagte: »Nein!
Das kann wirklich gar nicht sein!
Von Frithjof ist das gute Stück!
Doch damit hattest du kein Glück!

Ich möchte diesen Ring an dir nicht mehr sehn!
Sollst dich nur mit dem Geschmeide,
das ich dir schenke, schmücken
und an jedem Tage damit gehn!«

Sie zog den Ring nun ab von ihrem Arm.
Sie tat es galant, das hatte Charme!
Übergab das Kleinod in Helgis Gattin Hand.
»Ich bitte dich, gib es ihm zurück,
wenn er den Weg nach Hause fand!«

Somit hielt sie das Versprechen,
das sie sich einst gegeben,
auch wenn ihre Herzen schuldlos,
an diesem Tage auseinanderstreben!

Die Hochzeitsfeier ging vorbei,
als wenn nichts Besonderes gewesen sei!
Dann war sie angekommen in Rings Reich.
Nun war sie Königin, doch im Herzen arm zugleich!

Im Frühling kehrte Frithjof auf Ellidi von den Orkaden heim.
Auf seiner Hofstätte sah er all seine Gebäude verbrannt.
Man berichtete ihm, welcher Frevler das tat,
gegen seinen Schwur vor dem Thing,
und das mit eigener Hand.
Seine Rache sollte furchtbar sein!

Nun galt ihm die Freundschaft ihrer Väter nichts mehr!
Auf der Asche seines Hofes schwor er
Helgi und Halfdan tödliche Rache,
doch sein Herz ward ihm dabei schwer!

Also fuhr er mit Björn und den Gefährten
auf Ellidi nach Balders Hain.
Er wusste, dort sollten die beiden Verfluchten sein!
Angekommen hieß er die Freunde auf ihn zu warten!
Derweil sollten sie die Zerstörung
aller anderen Schiffe, die dort lagen, starten!

»Ich gehe hinauf, um den erhaltenen Zins zu bezahlen.
Seid ihr am Abend noch ohne mich allein,
dann werft Feuer in Balders Heiligtum hinein!

Es soll verbrennen, hat mir kein Glück gebracht!
Damit die Flammen leuchten in der Nacht.«
Gut gesprochen!, hatte Björn gedacht.

Die beiden Könige saßen im Heiligtum,
gemeinsam mit ihren Frauen.
Nach dem wärmenden Feuer sie schauen.
Sie hielten Götterbilder in Hand und Schoß.
Diese am Feuer zu wärmen, das wollten sie bloß!

Frithjof trat, ohne anzuklopfen, ein und ging auf Helgi zu.
Er schrie ihn an: »Hier ist dein Zins! Nun gib endlich Ruh!«

Dann schlug er ihn mit dem Beutel,
in dem sich das Gold befand,
mit seiner starken Reckenhand!
Der Beutel traf in des Bösen Gesicht,
davon seine obere Zahnreihe bricht!

Ohnmacht sollte Helgis Erlösung sein.
Da trat sein Bruder Halfdan für ihn ein.
Doch Frithjof anzugreifen, wagte er nicht,
nur abfällig er zu dem Helden spricht!

Schon hat Frithjof seinen Ring am Arm von Helgis Gattin gesehn.
Zornig blieb er vor ihr stehn.
Das kostbare Kleinod hat er ihr entrissen.
Sie hätte es ihm übergeben müssen!

Dabei aber versehentlich
das Bildnis Balders in das Feuer geschmissen!
Natürlich geschah das von seiner Hand.
Das Bild ist im Feuer gleich verbrannt!

Nach diesem Frevel verließ er Balders Hain und ging an Bord.
Gemeinsam fuhr er mit seinen Kameraden fort.
Das Ziel war ein weit entfernter Ort.

Als Helgi aus der Ohnmacht erwacht,
hat er sofort daran gedacht,
seinen Leuten zu befehlen, Frithjof zu ergreifen
und nach geltenden Gesetzen
ihn als Tempelschänder festzusetzen
und in den Kerker dann zu schleifen!

So eilten sie zum Strand,
doch zerstört man die Schiffe fand!
Helgi aber hat seinen Bogen gespannt,
um mit sicherer Hand,
den Frevler mit dem Pfeil zu treffen!
Doch der Bogen brach entzwei!
So erntete Helgi von den Feinden
nur hämisches Gelächter und Geschrei!

Frithjof ging auf Wikingsfahrt,
wie es damals sehr oft war die Art!
Helgi aber ließ ihn erneut vom Thing richten,
darauf mochte er nicht verzichten!
Denn er hatte den Frieden des Tempels zerstört
und Gott Balders Bild verbrannt, das fanden alle unerhört!

Dass es nur ein Unfall war,
hatte keiner vernommen.
Den wahren Bericht hatte niemand je bekommen!

In Acht und Bann wurde Frithjof darum gesprochen.
Friedlos und landflüchtig sollten er und seine Freunde fortan sein!
Doch das focht ihn nicht an,
fand er es auch ungerecht und gemein!

Nun suchte er mit Ellidi viele Küsten heim.
Brandschatzte und erschlug die Feinde!
Das brachte ihm großen Reichtum ein.
Aber zu den Bauern und Handwerkern war er niemals gemein!

Doch endlich kam die Zeit,
da war Frithjof das Brandschatzen leid!
All die Abenteuer konnten
seine Sehnsucht nach Ingeborg nicht töten.
Immer wieder dachte er an sie, das brachte ihn in Nöte!

Um sie wiederzusehn,
wollte er fort von seinen Freunden gehn
und sich allein an den Hof König Rings begeben.
Er spürte, ohne ihre Nähe könnte er nicht mehr weiterleben!

Björn aber warnte ihn:
»Begibst du dich allein,
als Konkurrent in des Königs Gewalt,
dann wirst du sicher nicht mehr alt!

Lass uns stattdessen die Belisöhne überfallen.
Sie sind schuld an deinem Unglück allem!
Wir sollten sie endlich erschlagen
und unsere Rache zur Vollendung tragen!«

Frithjof aber stimmte nicht ein.
Er sagte: »Musste ich Ingeborg in Balders Hain verlassen,
so will ich doch die Wiederbegegnung mit ihr,
in König Rings Halle nicht verpassen!«

Als Salzbrenner hat er sich verkleidet.
Niemand hat ihn darum beneidet!
So setzten sie ihn an Land,
wo er recht bald König Rings Halle fand.
Er war verkleidet als armer, unbeholfener Mann!
Am verschlissenen Kleide sah man es ihm an!

So trat er in die Halle ein
und setzte sich neben die Tür.
Der greise König fasste ihn scharf ins Auge,
und hielt ihn nicht dafür,
was er wohl vorgab zu sein!

Dass der Mann viel mehr war, als er hier scheinen sollte,
das fiel dem König ein! Und er ihn auf die Probe stellen wollte!

So fragte er ihn nach Herkunft und Namen.
Frithjof antwortete: »Thjof ich heiße.
Bei den Wölfen lag ich zur Nacht
und Kummer ist meine Speise!«

»Wie wollen wir diesen Mann behandeln?«,
fragte König Ring, Ingeborg seine Königin.
»Wie einen Bettler!«, das fiel ihr ein.
Doch der König sagte: »Nein!
Am Hochsitz, an unserer Tafel
soll er Platz zwischen uns nehmen!
Ich glaube, wir müssen uns seiner nicht schämen!«

Man nahm ihm seinen zerlumpten Mantel ab
und man ihm dafür einen kostbaren gab.
Sie sahen, wie wohlgebaut er war
und wie er ähnelte einem Fürsten gar!

Der König sah sich den Reif
am Arm des Gastes an und fragte:
»Wie lange man wohl Salz
brennen muss und kann,
um solch ein Kleinod zu erwerben?«
Frithjof antwortete:
»Ich tat's von meinem Vater erben!«

Der Königin aber schlug die Röte ins Gesicht,
als der besagte Thjof sich neben sie setzte!
Verstellen konnte sie sich nicht
und wohl auch nicht verheimlichen,
die mit ihm erlebte Geschicht'!
Doch sie mied ihn demonstrativ!
Der König dachte: ›Irgendetwas läuft hier schief!‹

Eines Tages fuhr das Königspaar
mit dem Schlitten auf das Eis hinaus.
Thjof begleitete sie mit Schlittschuhen,
und machte eine schöne Abwechslung daraus!

Die dünne Eisdecke barst, der Königsschlitten brach ein!
Schnellstens sollte besagter Thjof zur Hilfe zur Stelle sein!

Er riss den Schlitten mit einem Ruck
samt dem König aus dem Eise heraus.
Gleich danach zog er die Königin
auf das Eis, aus dem Wasser herauf!

»Das war ein guter Ruck!
Gerade noch früh genug!«,
sagte König Ring. »Du hast uns das Leben gerettet,
darauf hätte ich nie gewettet!
Fast hätte uns der Tod besessen.
Das werde ich dir nie vergessen!

Du darfst dich dieser Tat niemals schämen!
Solch einen, wie dich, möchte ich gerne
zu meinem Gefolgsmann nehmen!«

An einem anderen Tage begleitete Thjof den König in den Wald.
Er tat es gerne, keine Frage.
Der Alte ward müde und schlief
auf weichem Moose ein, recht bald!

Thjof saß bei ihm, hielt Wache dort.
Nach einer Weile zog er sein Schwert aus der Scheide
und warf es ganz weit fort!
Da machte der König sofort die Augen auf
und Thjof kam sogleich darauf,
dies sollte seine Prüfung sein!

Der König wusste alles, was geschehen.
Er hat es in dessen Augen gesehen,
und er sagte: »Ja, Frithjof, so geht es mit den Gedanken!
Manchmal überwinden sie alle Schranken!
Und manchmal zeigen sich Ehr und Treu!

Das ist mir bei dir, lieber Frithjof, gar nicht neu!
Am ersten Tage habe ich dich schon erkannt
und dass du guten Sinnes bist,
unsere Herzen miteinander verband!
Nun bleibe für immer bei mir!
Ich habe Großes vor mit dir!«

»Ihr habt mich edel aufgenommen,
aber bleiben kann ich hier nicht!«,
dies Frithjof zu dem König spricht.
Am nächsten frühen Morgen dann,
klopfte Frithjof an der Schlafzimmertür
des greisen, gütigen Königs an.
Sie ward geöffnet und der Held sprach dann:

»Dank will ich dir sagen für deine Güte
und all die schönen Gaben.
Ein guter Gastgeber warst du für mich,
aber nun verlasse ich dich!

Nie kann ich gemein zu dir sein!
Doch die Frau, die ich liebe, gehört nur dir allein!
Ich muss nun gehen
und hoffe, du kannst das verstehen!

Ich liebe sie und werde sie immer und alle Zeiten lieben!
Dies ist mir in mein Herz geschrieben
und da ich sie niemals haben kann,
verlasse ich euch heut', nicht irgendwann!

Da ich sie zum Abschied nicht küssen kann,
gebe ich ihr diesen Ring zurück,
den sie mir einstmals trug,
für das ganze Leben an!«

Da lachte der König und sprach:
»Gemach, gemach! Dieser Ring wäre besser wohl
ein Geschenk für mich!
Weil ich freundlich zu dir war!
Aber Ingeborg mied stets dich!

Sei so nett und verweile noch,
und wäre es nur ein kurzer Moment!
Ein letztes gemeinsames Frühstück,
dich auf deinem Weg nicht hemmt!«

Da wurde Ingeborg geweckt.
Als sie Frithjof vor der Türe sah,
ist sie erneut erschreckt!
Scheu und spröde war sie
gegen den Freund von einst geblieben!
Das ist wohl nicht übertrieben!
So zeigte sie ihrem Gatten, dem König,
damit tiefen Respekt!

Dann saßen die drei
schweigend beim Mahl.
Der König bat Frithjof
erneut zu bleiben, wieder einmal!

Der Recke hätte gerne die Antwort vermieden,
doch dann sagte er: »Lange möget ihr leben,
ihr edelster aller Könige!
Aber mir ist Ingeborg nicht beschieden!
Darum muss ich euch verlassen,
ist es für mich auch nicht zu fassen!«

»Bleibe, Frithjof, dies schlage ich dir vor
und hoffe, ich erreiche nun
dein Herz, dein Hirn und dein Ohr.
Ingeborg wird dein bald werden
und mein großes Reich dazu!
Bald schon lege ich mich nieder,
zu meiner allerletzten Ruh!

Längst schon spüre ich
eine tödliche Krankheit in mir!
Bleib und die von dir geliebte Frau,
sowie mein Reich, gehören endlich dir!

Ihr sollt euch gehören, seid einander wert,
wie kein zweites Paar!
Höre nun endlich auf, dich zu wehren!
Denn das wäre verkehrt!

Ich selbst will euch zur Verlobung
die Hände ineinander legen!
Nichts, gar nichts,
spricht hier und heute dagegen!«

Bald darauf ist des Königs Prophezeiung eingetroffen.
Seine Krankheit siegte und er schlief selig ein.

Vergeblich waren jedes Gebet
und alles Hoffen.
So heirateten die Liebenden zwei.
Freude und Trauer
waren gemeinsam dabei!

Die Bezeichnung „König"
hat Frithjof nicht angenommen.
Sie hatte durch den Tod des Königs ihr Ende bekommen!

Der junge Ehemann
hat sich nur Jarl genannt.
Auch dieser Fürstenname
war überall bekannt!

In Frieden lebte das Paar,
mit Björn und den Freunden,
leider nur eine kurze Zeit,
denn Ingeborgs Brüder waren
zum Kampfe gegen sie bereit!

Sie missgönnten beiden ihr Glück,
sammelten ein Heer
und wollten beenden der Schwester
und des Schwagers gutes Geschick!

»Schweres Schicksal, liebe Ingeborg, steht dir nun bevor!«
Das flüsterte zärtlich Frithjof ihr ins Ohr.
»Wie auch der Kampf wohl enden mag,
du verlierst die Brüder oder deinen Mann!
Etwas anderes es nicht geben kann!«

Sie antwortete: »Nur dein Leben wünsche ich,
denn ich liebe ja nur dich!
Die Brüder sind mir längst egal.
Verbreiteten für mich nur immer
Schrecken und Qual!«

Und so kam es, wie es kommen muss:
Frithjof siegte in der Schlacht zum Schluss!
Helgi wollte sehr viel wagen
und darum ward er erschlagen!
Halfdan schwor den Eid der Treue.
Wir hoffen, dass er es nicht bereue!

Frithjof aber herrschte lange Zeit
mit großem Ruhm und Macht.
Ingeborg hat ihm viele Kinder zur Welt gebracht.
Ihre Liebe hielt immer gleich,
bis ins hohe Alter hin!
Denn das ist ja der wahren Liebe Sinn!

UND DIE MORAL VON DER GESCHICHT':

Nicht Schwert, nicht Hass, nicht Stein
eine wahre Liebe bricht!
Denn sie überdauert alle Weiten
und die je vergangenen Zeiten!
Mögen auch Rang und Macht dagegen stehn,
nichts verhindert je der Liebenden Wiedersehn!
Und ist das Glück den beiden auch noch hold,
dann geschieht, was immer schon geschehen sollt!

KÖNIG ROLF KRAKI UND SEINE RECKEN

HELL strahlend durch alle Zeiten
soll uns die Erinnerung an König Rolf begleiten!
Mögen ihm andere Helden an Kampfkraft und Ruhm
vielleicht auch überlegen sein,
so wurde doch keiner von seinen Recken
so geliebt, wie nur er allein!

Ein milder Herr ist er gewesen, freigiebig mit offener Hand.
Wie er seine Gaben ausstreute,
all seine Mannen freute und das war allgemein bekannt!

Niemand musste ihn zweimal bitten!
Nein, das hätte er nie gelitten!
Seinem gütigen Herzen und seiner offenen Hand
hat er wohl Dänemarks Thron verdankt!

Anfangs schien jedoch alles gegen ihn zu stehn!
Das galt, weil er zu seiner Geburt
aus dem blutschänderischen Bund seines Vaters,
König Helgis mit seiner Tochter Yrsa hervor sollte gehn!

Nicht vollbürtig wurde er genannt.
Drum wurde in gerader Linie Rörik,
der Sohn Rodgars, nach dem Tode der Väter,
zum neuen König ernannt!

Rolf aber musste auf Wikingfahrt gehen,
so wollte es das Schicksal, so ist es auch geschehen!
König Rörik war zu feige zum Kampf und geizig zugleich!
Wahrscheinlich wurde er darum reich!

Doch zu den Tugenden der Väter des Schildungengeschlechts,
die für Tapferkeit und Freigiebigkeit stehen,
waren seine Eigenschaften diametral entgegengesetzt!
Das konnte jeder seiner Kämpfer wohl sehen!

In Rolf jedoch waren sie doppelt vereint!
Darum für seine Männer die Sonne scheint.
Das blieb Röriks Mannen nicht verborgen!
So wechselten sie die Seiten zu Rolf,
lieber heute schon, als morgen!

Gegen Rörik haben sie fortan gemeinsam mit Rolf gestritten.
Darum musste er nicht lange bitten!
So hat Rolf mit seiner Krieger Macht
Rörik um Krone und Leben gebracht.

Danach hat Rolf auf dem Throne gesessen
und keinen der tapferen Helden zu belohnen vergessen!
Von überall strömten neue Gefolgsleute herbei.
Das stützte seine Macht, die schier unermesslich sei!

Nahe seinem Hochsitz saßen seine zwölf Berserker.
Man könnte sagen, dies waren die besten Kriegshandwerker!

Denn sie kämpften wie im Rausche in jeder Schlacht
und spürten kaum Schmerz
und keine Wunden, die ihnen jemals beigebracht!

Stets waren sie an des Königs Seite
und achteten darauf,
dass ihm nichts geschehe
und niemand ein Unglück ihm bereite!

Selbst wenn seine Berserker einst auf Wikingfahrt,
fern der Heimat waren,
drohten dem König kaum Gefahren!

Als Bjarki, der Held, einstmals in Rolfs Halle kam,
weil er seinen Dienst beim König annahm,
er in einer Ecke einen zitternden
eingeschüchterten Menschen wahrnahm.

Der verbarg sich hinter abgenagten Knochen
und einem Haufen Gebein.
Er klagte Bjarki, dass alle zu ihm sind schrecklich gemein!

Mit Knochen haben die rohen Gesellen
nach ihm in einer Tour geschmissen!
Und wenn einer ihn getroffen,
wurden darüber Witze gerissen!

Darauf zog Bjarki ihn aus seinem Verstecke hervor,
wusch und kleidete ihn,
setzte ihn neben sich und lieh ihm ab sofort sein Ohr!

Da begannen die Männer nach beiden mit Knochen zu schmeißen
und auch über Bjarki Witze zu reißen!
Eine Weile nur sah er sich das an,
bis er einen großen Knochen im Fluge zu fassen bekam.

Diesen schleuderte er mit großer Kraft zurück an des Werfers Kopf!
Ja, er traf dessen Haupt, und der fiel tot zu Boden!
Niemals hätte der, das was geschehen
könnte und geschah, geglaubt!
Diese Treffsicherheit war zu loben!

Nun trat König Rolf in den Saal und sprach:
»Schuld ist der Knochenwerfer ganz allein!
Er war zu dem Schwachen sehr gemein!
Respektlos darf keiner meiner Krieger sein!«

Die Buße, die er Bjarki auferlegt,
hat wirklich keinen aufgeregt.
Die Stelle des Getöteten sollte er in der Hierarchie einnehmen!
Eine große Ehre wars, doch nichts, um sich zu schämen!

Bjarki stimmte ein,
doch er bat darum,
dass der Schwache, der Hött geheißen,
stets an seiner Seite durfte sein!

»Ehre wird der wohl nicht einlegen!«,
meinte Rolf. Doch er hatte nichts dagegen.
So blieb Hött unter Bjarkis Schutz,
bestimmt nicht nur aus Eigennutz!

In der Julzeit irgendwann,
trieb ein riesiger Gespensterbär
um die Halle sein Unwesen dann.
Er schien unüberwindlich, das war kaum zu fassen!
Darum gebot Rolf, dass keiner seiner Getreuen
des Nachts, die Halle durfte verlassen!

Keinen der Männer wollte er verlieren!
Bjarki aber wollte seine Stärke probieren und beweisen.
Er missachtete den Befehl, ging hinaus,
und begann mit dem zitternden Hött gemeinsam,
das Untier zu umkreisen!

Nur mit dem Schwerte bewaffnet
trat Bjarki dem Bären entgegen.
Das war wirklich sehr verwegen!
Ein Schlag nur genügte
und der Bär fiel tot zu Boden.
Da musste auch Hött den Recken loben.
Auch vom König kam Lob, von ganz oben!

Doch für ihn selbst war die Show
leider noch nicht vorbei! Hött musste des Tieres Blut nun trinken
und ein Stück von seinem Herzen essen!
Auch die Übelkeit danach vergessen!

Doch er tat es und gewann sodann
starke Kraft und wilden Mut.
Das tat dem, der einst
ein Schwächling war, richtig gut!

Am nächsten Tage dann,
kamen die Berserker,
die auf Wikingfahrt gewesen,
wieder bei Rolfs Hofe an.

Kaum, dass sie traten ein,
sollten die Mannen,
die in ihrer Abwesenheit
neu an den Hof gekommen waren,
von ihnen mit scharfen Blicken
gemustert und beobachtet sein!

Ihr Anführer sah Bjarki herausfordernd an
und fragte nach Berserker Art,
ob er wohl meine, dass er so stark und tapfer,
wie er selbst sein kann?

Bjarki antwortete: »Du sollst sofort spüren,
was mit dir wird passieren!«
Gleich packte er ihn in seiner vollen Rüstung an,
hob ihn hoch und schmetterte ihn,
mit seiner ganzen unbändigen Kraft,
auf den Boden dann!
Das hat er leicht geschafft!

Mit gebrochenem Beine
blieb der Berserker liegen!
Natürlich akzeptierte er,
dass der von ihm ausgewählte Krieger,
ihn ohne Mühe konnte besiegen!

Hjalti, Bjarkis Freund und Kumpan,
packte den zweiten Berserker,
der mit ihm kämpfen wollte, ganz genauso an
und hat ihn auf den Boden gelegt,
als wenn ein Sturm ihn hätte fortgefegt!
Unter den Berserkern nun ein Getümmel entstand!

Da hob König Rolf schlichtend seine Hand.
Er sprach: »Nun seht ihr, dass neben einem Starken
ein immer noch stärkerer kann stehn,
dem der Starke nicht kann widerstehn!«
Und dann weiter er noch spricht:
»Streit in meiner Halle gestatte ich nicht!
Gegen meine Feinde möget ihr euch schlagen!
Doch in dieser Halle sollt ihr euch vertragen!«

Mit gerechtem Tadel und mit gütigem Zuspruch
kühlte er die erhitzten Häupter ab!
Was aus der Halle Beifall ergab.

Rolf aber führte Bjarki auf den rechten Platz an seiner Seite,
was den Krieger wohl sehr freute.
Den linken Platz neben dem König nahm aber Hjalti ein.
Als Hochgesinnter sollte er ab sofort von allen bezeichnet sein!

Beide standen bei Rolf in allerhöchsten Ehren.
Bjarki stammte von fürstlichem Geschlecht.
Als Rolf ihm seine Schwester Rut
als Frau anbot, war es ihm sehr recht!

So gewann der König zwei starke Recken,
die ihm treu waren bis in den Tod
und ihn, solange sie lebten,
beschützen gegen Gefahr und Not!

Auch einen Dritten band Rolf durch seine Güte fest an sich.
Dessen Treue dauerte noch über den Tod hinaus!
Das erfahrt ihr gleich, ganz sicherlich.

Und so war das geschehen:
Eines Tages sah der König einen Bauernburschen keck
und frech in seine Halle gehen.
Geheißen ward dieser Wögg.

Er trat vor den König hin,
sah ihn neugierig und aufmerksam an.
Seine Enttäuschung man ihm ansehen kann!
Etwas zu sagen, hatte er wohl im Sinn.

»Was hast du auf dem Herzen, Junge?
Was starrst du mich so an?
Dein Unbehagen man dir ansehen kann!
Sprich es aus, was dir nicht passt!«

Wögg antwortete, ganz ohne Hast:
»Zu Hause sagt man, König Rolf
sei der größte Mann der Welt!
Als Riese habe ich mir doch,
den König, also vorgestellt!

Und nun befindet sich hier auf dem Hochsitz
eine kleine Kracke und heißt König!
Wenn ich ehrlich bin, dann ist mir das
wirklich ein bisschen wenig!«

Rolf lachte und hielt sich den Bauch:
»Einen schönen Namen gabst du mir!
Und weißt du was, den behalte ich auch!
Dies möchte ich heute bekennen.
Fortan werde ich mich Rolf Kraki nennen!

Doch wer mir den Namen gibt,
muss ein Geschenk auch geben!
So war es stets Sitte im Wikingerleben!«
»Ich habe nichts, was ich euch schenken kann!«,
sprach der Knabe und sah den König traurig an.

Rolf antwortete: »Schenkst du nicht mir,
so schenke ich dir!«
Er schob einen Goldring
auf des Knaben rechten Arm
und wie er es tat, das hatte Charme.
Man merkte, diesen Ring
wollte der Bursche gerne haben!

Den linken Arm hielt er derweil
hinter seinem Rücken versteckt.
König Rolf sah das wohl,
hatte es längst schon entdeckt!
Er fragte, was das bedeuten soll?

Der Bursche antwortete geschwind,
völlig unbedacht, wie manchmal junge Kerle sind:
»Der Linke schämt sich vor dem Rechten, denn nackt ist er!
Ihn auch genau so einzukleiden, König,
fällt dir gewiss nicht schwer!«

Nun hielt sich der König vor Lachen erneut seinen Bauch
und sprach: »So will ich dich mit einem zweiten Ring,
für deinen linken Arm bestücken auch!
Selbst wenn das bei uns nicht ist Brauch!«

Da rief Wögg: »Heil Dir, vor allen Königen weit,
für diese herrliche Gabe!
Nun ich die Ehre habe,
dir zu leisten meinen feierlichen Eid!

Ich will dir dienen, all meine Lebenszeit!
Den Mann, der dich einst töten wird,
was du gewiss wohl musst ertragen,
den werde ich mit meiner eigenen Hand erschlagen!«

Nun lachte der König zum dritten Mal
und sprach: »Dein Schwur ist mir viel wert
und keinesfalls egal!
Ein kleines Geschenk
doch oftmals große Freundschaft macht!
Gut dass du kamst, du hast mit dir das Glück gebracht!«
Dieser Spruch als Sprichwort,
noch heute seine Runden macht!*

---

*   Kleine Geschenke erhalten die Freundschaft!

Durch die Treue seiner Mannen
konnte König Rolf gar großen Ruhm erlangen!
Sie scheuten weder Feuer noch Eisen,
was sie in jeder Schlacht beweisen!

Ihr Herr wurde gefürchtet sehr
und niemand getraute sich, ihn anzugreifen mehr!
Nach vielen Schlachten und Kampfesruhm,
folgten Jahre des Friedens nun!

Bis der Tag dann kam,
an dem seine Mannen dazu neigten,
und ihrem König zum letzten Male,
ihre große Treue zeigten!

…

Diese Geschichte ich euch nun berichte:
König Rolf hat eine Schwester besessen.
Sein Vater Helgi zeugte sie ganz genau in dem Jahr,
nach dem er von seiner Frau Yrsa getrennt worden war.
Eine schöne Albenfrau ihm dieses Mädchen gebar.
Dieser Fakt ist unvergessen!

Sie hieß Skuld und wuchs bei Rolf heran.
Schon früh sie mit der Zauberei begann!
Rolf gab sie König Herward von Schonen, zur Frau.
Das war sehr dumm, kein bisschen schlau!

Herward stand in König Rolfs Schuld,
Jährlich Zins er ihm zahlen sollt.
Doch Skuld, seine Gattin, hatte einen wilden, hochfahrenden Sinn!
Dass ihr Gatte ihres Bruders Untertan war, das nahm sie niemals hin!

Stets hetzte sie Herward gegen ihren Bruder auf.
Nur unwillig nahm er das in Kauf!
Er sprach: »Wir sind nicht stark genug
gegen ihn Schwert und Schild zu erheben!
Lass uns weiter mit ihm in Frieden leben!«

Da erdachte Skuld einen geheimen Plan
und ihr Ehemann hörte sich diesen sehr hoffnungsvoll an:
»Bitte meinen Bruder, dass er den Zins,
den du ihm geschuldet,
für drei lange Jahre stundet!

Und versprich ihm, nach drei Jahren,
die ganze Summe dann zu zahlen.
Bis dahin haben wir Zeit und Gold genug,
um ein Heer von starken, wilden Kämpfern anzuwerben.
Danach legen wir Rolfs Reich in Scherben!«

Dies gefiel ihrem Manne gut
und so fasste er endlich Mut.
Rolf der Hochherzige gewährte ihm seine Bitte gleich.
Denn er war auch ohne die gestundeten Zinsen reich!
So hat sich Herward aufgemacht
und rüstete eine gewaltige Macht!

Nach drei Jahren segelten sie mit großer Flotte nach Leidra dann.
Sie kamen glücklich in Rolfs Reiche an.
Der freute sich, des reichen Tributes wegen.
Die tief liegenden Schiffe, so dachte er,
brächten ihm reinen Goldes Segen.

Doch die Schiffe waren nicht mit Gold beladen!
Sie kündeten nicht von Reichtum, sondern von großem Schaden!
In ihren Bäuchen waren zahllose bewaffnete Kämpfer verborgen.
Doch Rolf verkannte die Gefahr und machte sich auch keine Sorgen!

In Leidra herrschten Jubel und Trubel überall.
Das Julfest wurde gefeiert! Ja, das war der Fall!
Rolf war darauf aus, seine Getreuen
mit schönen Waffen und Goldringen zu beschenken.
An böse Absicht mochte er nicht denken!

Als dann genug Wein und Met geflossen waren,
viel mehr wohl noch, als in früheren Jahren,
betteten sich seine betrunkenen Mannen
in dem großen Schlafsaal jetzt.
Herward und Skuld hatten ihr Heer derweil
unbemerkt an Land gesetzt!

Im Morgengrauen kehrte Hjalti zurück.
Er suchte in der Nacht sein Liebesglück.
Da sah er der Feinde große Zahl,
die sich schon zur Schlacht aufgestellt.
Er begriff, Heimtücke und Verrat,
bedrohten in diesem Moment ihre Welt!

Er lief in die Halle und rief:
»Der Hahn krähte,
ein harter Tag beginnt!
Auf König, auf Ihr Kämpfer,
die Feinde schon vor unseren Toren sind!

Greift zu den Schwertern und nehmt die Schilde zur Hand.
Wir müssen die Treulosen schlagen,
bevor ein jeder von uns sein nahes Ende fand!«

König Rolf und seine Mannen
sprangen von ihren Lagern auf.
Sie bewaffneten sich in schnellem Lauf.
Bjarki war leider nicht erwacht!
Man fragte sich, was er wohl macht?

Ihn banden Schlafrunen, die Skuld extra für ihn,
Rolfs stärksten Kämpfer, gemacht!
So stürmten Rolfs Getreue ohne ihn
gegen die feindliche Übermacht!

Nun schlugen die Schwerter gegen Schilde und Brünnen.
Die Berserker kämpften wie von Sinnen!
Laut sang Rolfs Schwert,
wenn es in einen Feind hineinfährt,
und bis auf die Knochen schnitt!
Das geschah bei jedem Schritt!

Aber der Feinde Übermacht war groß!
Für jeden Feind, der fiel, rückten zwei Kämpfer nach!
Dies für ihre Überlegenheit sprach.
Doch Rolfs Mannen wehrten sich famos!

Brünnen zerkrachten, Schwerter brachen entzwei.
Blutig war die Keilerei!
Gespalten ward von einem Kampfbeil des Königs Schild!
Er wurde angegriffen mit ganzer Kraft,
und ach, so furchtbar wild!

Zum zweiten Male hat nun Hjalti nach Bjarki
aus tiefster Not geschrien!
Doch der schlief noch immer fest,
wird ihm das je verziehn?

Dann fiel König Rolf
mit einem Lächeln im Gesicht!
Da rief Hjalti:
»Wir kämpfen bis zum Tode!
Ohne den König leben wir nicht!«

Diese kühnen Worte feuerten
die Gefährten an.
Zwischen den Schwertschlägen erklang,
das Lied des Königs Ruhm sodann!

Zum dritten Male wurde von Hjalti nach Bjarki gerufen.
Da endlich erschien er auf den Treppenstufen.

Er rief: »Schelte mich nicht!
Ein Zauber war schuld an meinem Schlaf!
Nicht kämpfen zu können,
ist mir die größte Straf'!
Und komme ich auch spat,
so will ich heute Rolf lohnen,
für alles, was er für mich jemals tat!«

Ohne Panzer und Schild,
das große Schwert schwingend,
fuhr er unter die Feinde.
Er wütete unter ihnen, wie ein Bär so wild!

Einer nach dem anderen sank vor ihm in den Tod.
Allein unter den Leichen schrie er nach Hjalti in seiner Not:

»Lebst du noch?«
»Noch stehe ich fest!«, rief der Freund zurück.
»So warten wir auf unser Geschick!«
Sie hörten sich, doch sie sahen sich nicht!
Die Leichenberge nahmen ihnen die Sicht!

Sie mähten sich den Weg zueinander frei,
sodass einer bei dem anderen
beim letzten Schritt ihres Weges sei!
Hiebe fielen wie Hagel von allen Seiten auf sie nieder!
Sie bluteten aus vielen Wunden,
so stark wie noch nie vorher
und niemals wieder!

Endlich waren sie bei ihrem toten König angekommen.
Sie haben die letzte Abwehrstellung eingenommen.
»Heute Abend sind wir in Walhall!«,
rief Hjalti dem Gefährten zu.
»Jetzt sühnest endlich, dein Säumen du!«

Bjarki erwiderte:
»Nun schelte mich nicht mehr!
Durch meine Brust schnitt
eines Feindes Schwert,
wie durch Wasser!
Das Stehen fällt mir schwer!«

So rief er seine Gattin Rut.
Sie kam von den Bergen gegangen,
den sterbenden Helden aufzufangen.
»Sahest du Odin?«, fragte er sie.
»Ich meine, heute war er gegen uns!
So sehr, wie noch nie!«

Rut kniete und sprach zu ihm:
»Hebe deinen Blick!
Schaue keinen Moment zurück
und zeichne dein Auge
mit der Siegesrune geschwind.
Schaue durch meinen angewinkelten Arm,
dann wirst du Odin sehn,
auf Walhall mit all den Helden stehn,
die dort bei ihm sind!«

Bjarki tat es und erblickte
den Gott auf seinem steigenden Ross,
mit seinem glänzenden Schild.
»Mit meinen Händen möchte ich ihn würgen,
den treulosen Gott!«, dies schrie er wild!

Brechenden Auges sahen die Helden
die Adler und Raben kommen.
Auf dem Leichenfelde haben sie sich ihren Anteil
von dem verlorenen Kampfe genommen!

Dann sanken die letzten Helden nieder!
Bjarki lag an König Rolfs Haupt
und Hjalti, ihm zu Füßen.
So sollte ihr letzter Augenblick
ihre ewige Liebe und Treue genießen!

Nach dem Fall der Helden
feierte Herward ein großes Fest.
Er aß und trank mit Behagen.
Rühmte sich seines Sieges
und Folgendes hörte man ihn sagen:

»Von Rolfs Gefährten ist nicht einer geflohen,
alle seine Helden fielen,
verloren ihr Leben, keiner hat sich ergeben!
In Treue bis zum letzten Herzschlag,
wie sie es geschworen
am ersten Gefolgschaftstag!

Wäre nur noch einer von ihnen am Leben,
so würde ich ihm mit Freuden
den ersten Platz in der Reihe
meiner Gefolgsleute geben!
Denn solch eine Treue gab es noch niemals im Leben!«

»Einen einzigen haben wir gefangen!«,
sprachen Herwards Leute und kamen mit Wögg herbeigegangen.
»Verwundet fiel er und wurde von Toten total bedeckt.
Auch er hätte sein Leben gegeben,
er hatte sich nicht feige versteckt!«

Herward erfreute sich des Mannes,
der kühn und unerschrocken vor ihm stand.
Er fragte ihn: »Willst du in meinen Dienst treten!«
und reichte ihm seine Hand.

Darauf antwortete Wögg: »Ja!«
»So schwöre mir Treue, wie du sie Rolf gehalten«,
sprach Herward erfreut und hielt ihm über den Tisch
sein blankes Schwert entgegen zum Eid.

Aber Wögg sagte: »Ganz anders war Rolfs Brauch,
als der deine, zum Schwur!
Er bot mir nicht die Spitze seines Schwertes an,
sondern den Griff der Waffe nur!«

Da wollte Herward es Rolf gleichtun,
fasste das Schwert an der Spitze an
und reichte den Schwertgriff
über den Tisch ihm dann!

Wögg ergriff das Schwert mit starker Faust
und noch viel stärkerem Frust!
Er stieß es mit ganzer Kraft
durch des Königs Herward Brust!

So erfüllte sich sein Gelübde,
welches er als Knabe einst König Rolf gegeben,
dass er dem, der Rolf einst tötet,
nimmt mit eigener Hand dessen Leben!

König Herwards Mannen,
die herangestürmt kamen,
bot er lachend seine Brust nun an.
Als er unter ihren Streichen sank, rief er frohlockend dann:
»So wohl tat meinem Herzen König Herwards, des Verräters Tod,
dass ich den meinen nicht spüre.
Er bringt mich gewiss nicht mehr in Not!«

UND DIE MORAL VON DER GESCHICHT':

Ewige Treue ist ein schönes Versprechen,
doch selten gelingt es nur,
es nicht zu brechen!

Ewige Treue ist ein schönes Wort!
Es trägt die Verliebten
über die Wolken fort!

Die Historie aber zeigt uns an,
dass man Treueschwüre
auch für eine falsche Sache geben kann!

Dann ist es besser doch
am Leben zu bleiben, aufzustehn,
als für eine schlechte Sache unterzugehn!

Durch Treue und Heldentum,
ganz falsch verstanden,
im Kriege viele Soldaten
sinnlos ihr Ende fanden!

BEOWULFS GRENDELKAMPF

ÜBER Dänemark herrschte in Glück und Ruhm
König Rodgar, der aus dem edlen Geschlecht
der *Schildungen* entsprossen.
Viel Ehre im Kampfe hatte er erworben
und um sich gescharrt, gar kühne Genossen!
Manch Loblied wurde auf ihn gesungen,
von den Getreuen, die er gedungen!

Als er in die Jahre kam,
er sich, wovon er lang schon träumte,
endlich nun bestimmt vornahm:
Einen herrlichen Alterswohnsitz
für sich und die Seinen zu schaffen!
Ja, das sollte ihm Freude machen.

Größer und schöner als Menschenaugen
solch einen Sitz hatten je gesehn,
so sollte, was er erschaffen wollte,
einstmals wohl aussehn!

Dort mochte er mit seinen Getreuen verweilen
und den gewonnenen Reichtum teilen,
den sie erbeutet in all den Jahren,
in denen sie siegreiche Schlachten geschlagen,
oder auf Wikingfahrten waren!

Aus vieler Herren Länder ließ Rodgar
fähige Werkleute kommen,
die mit Geschick und Kraft
an der Errichtung der Halle
haben teilgenommen.

So wuchs ein stolzer Bau mit
hohen Türmen und Zinnen empor!
Diese sollten gekrönet von Geweihen sein,
die der König auf der Jagd erbeutete,
und die meisten davon wohl allein!

Nur darum wurde die Halle Hirschburg genannt
und war unter diesem Namen
in der von nordischen Menschen bewohnten Welt,
in nah und fern bekannt.

Die Halle war erfüllt an jedem Tag
von Festjubel, Becherklang und Harfenschlag!
Kein einziger Tag ging vorbei,
ohne dass der König an all seine Lieben
Geschenke verteilte! Er war so frei!

Den fröhlichen Lärm hatte ein Riese gehört.
Der hauste in einem nahen Moore
und der Feste Klang ihn sicher stört!
Grendel war des gräulichen Untiers Name.
Eines Nachts schlich dieser zu Rodgars Sitz herbei.
Der Sinn stand ihm nach Vielerlei!

Er wartete, bis nach fröhlichem Schmaus und festlichem Gelage
der Zecher fester Schlaf sorglos begann.
Was er wohl tun würde, das war die Frage.
Doch dann fing schon sein Angriff an.

Er schlich sich in das Schlafgemach ein.
Wie konnte das nur unbemerkt geschehen sein?
Dort raubte er auf einen Zug dreißig Helden von ihren Bänken.
Sicher war ihm das wohl nicht genug,
doch er musste sich beschränken!

Zum Fraße schleppte er sie
in seine Höhle fort,
an den völlig unbekannten Ort!
Am Morgen wurde die Untat entdeckt,
was den König und seine Mannen
gar furchtbar wohl erschreckt!

Das Wehklagen und die Trauer begannen sogleich.
Der König dachte, nie wieder
werde ich an Freude, wie einst, wohl reich!
Die blutige Spur des Unholdes
machte alle, die sie sahen, bleich!
Aber das Leid sollte sich noch mehren!

In der kommenden Nacht verübte Grendel
erneut einen mörderischen Fang
und so ging es wochenlang!
Niemand konnte sich dagegen wehren!

Denn der Riese hatte die Kraft vieler Männer wohl besessen.
Gegen Stahl und Eisen war er unverwundbar,
jeden Versuch ihn damit zu bezwingen, konnte man vergessen!
Jeder, der gegen ihn antrat,
bereute das, eher früh als spat!

Zum Schlafen versteckten sich die Recken des Königs nun
in entfernte Räume des Schlosses. Was konnten sie sonst auch tun?

Die leer stehenden Schlafräume sollten
zwölf lange Jahre nicht mehr benutzt sein!
Auch ausgelassen und fröhlich zu feiern,
fiel wohl niemanden mehr ein!

»Sind wir Recken denn Angsthasen?«,
hörte man, vom Weine befeuert, so mancher Helden Phrasen!
Das Untier bewaffnet zu erwarten
und einen tödlichen Angriff zu starten,
hatten sie sich geschworen.
Doch war die Nacht vorbei, dann waren diese Mutigen verloren!
Die Dielen waren vom Blute gezeichnet,
kaum das der Kampf begonnen
und ein wenig später schon, war ihr Blut geronnen!

Rodgar rief die Götter an,
ob nicht einer ihnen helfen kann?
Auch Zauber und Beschwörung halfen gegen Grendel nicht!
Den gespenstischen Schattenjäger
bekamen sie niemals lebendig zu Gesicht!

Diese Not wurde Ort für Ort und Land für Land
so auch jenseits der See, Beowulf bekannt.
Des Gautenkönigs größter Held war er,
und nach dem Kampf mit Grendel sehnte er sich sehr!

Des Vaters früh beraubt,
wuchs er am Gautenhofe auf.
Man spottete seiner in jungen Jahren,
so musste er viel Gram erfahren!

Denn er schien träge und untüchtig zu sein!
Nur der König glaubte an ihn,
auch wenn er, der zu ihm stand,
war mit dieser Meinung sicher ganz allein!

Doch kaum dass er erwachsen war geworden,
griff er nach dem Schwert und begann ganz allein
wilde Riesen zu erschlagen,
auch Land- und Seeungeheuer zu morden!
All das tat er kraftvoll und ehrenwert!

Einst schwamm er mit seinem Freunde
eine lange Strecke um die Wette,
nur weil er ihn gern besieget hätte!
Dabei legte er nicht einmal seine Brünne ab
und auch nicht sein großes Schwert!

Damit verschaffte er dem Freunde einen großen Vorteil dann,
den dieser, so sehr er sich auch mühte, überhaupt nicht nutzen kann!

Sieben Tage und Nächte schwammen sie
ohne Ruh und ohne Rast,
bis sie Grund unter ihren Füßen,
fern der Heimat dann gefasst.

Auf diesem Wege hatte Beowulf
neun Meeresungeheuer erschlagen!
Seine übergroße Kraft
war von keinem Gegner zu ertragen!

Sie kam wohl der Kraft von dreißig Männern gleich!
Doch er war milden Sinnes reich!
Er suchte den Kampf nicht aus purer Langeweile,
nicht aus Hast und nicht aus Eile!

Beowulf war jedem edlen Helden ein Freund!
Stellte sich nur dem im Kampf,
der es böse mit ihm und mit seinen Freunden meint!

Als er nun davon vernommen,
wie viele Helden in Hirschburg bisher waren umgekommen,
rüstete er, von seines Königs guten Wünschen begleitet,
ein schnelles Schiff und ward von vierzehn Gefährten,
den besten, die er finden konnte, begleitet.

Der Lotse steuerte das Schiff
durch viele Schären
und vorbei an manchem Riff,
hinaus auf die offene See.
Dort musste er sich nur Stürmen,
aber keiner Hindernisse, mehr erwehren!

Windbeflügelt und schaumumspült
das Schiff wie ein Vogel flog
und auf den richtigen Kurs es zielt.
Schon im Morgengrauen
konnten die Helden die Steilküste schauen,
auf der die edle Hirschburg stand.
Sie kamen glücklich an, in dem gesuchten Land!

Sie warfen den Anker und stiegen aus am Strand.
Rodgars Wächter sah ihre Brünnen leuchten
und ihre Schilde blinken.
Die Ankommenden waren ihm nicht bekannt!
Er merkte nur, dass sie freundlich winkten!

So ritt er den Helden entgegen.
Das war sicher sehr verwegen!
Er rief: »Solltet ihr Feinde
oder vielleicht Freunde sein?
Ich meine Freunde,
denn Feinde verhalten sich nicht offen,
sondern hinterhältig und gemein!

So sagt, wo kommt ihr her
und was ist euer Begehr?«
Beowulf, der an der Spitze seiner Mannen stand,
hob versöhnlich seine Hand
und antwortete:
»Wir sind Gauten und kommen
aus einem fernen Land!

Eure Notlage wurde uns bekannt!
Rodgar zu helfen gegen den schlimmen Unhold,
der sich durch den Mord an seinen Getreuen,
begab in große Schuld,
ist der Befehl, den uns unser König Hygelaks gegeben.
Ihn zu erfüllen, danach werden wir streben!
Alsbald soll das geschehen,
denn wir sind voll Ungeduld!«

»So tretet in unsere Halle ein!
Euer Schiff wird gut bewachet sein!«
Sie schritten, dem Wächter folgend,
durch das Tor der Halle.

Alle Anwesenden bestaunten
die herrliche Schar der reich verzierten
und vorzüglich bewaffneten Helden,
in diesem Falle.

»Ihr seid keine Vertriebenen,
sondern ihr folgt heldischem Mut.
Ich führe euch zu König Rodgar gleich,
denn eure Mission gefällt ihm sicher gut!«

König Rodgar befragte den Helden dann,
der seiner Schar vorangeschritten,
nach Herkunft und nach Namen.
»Beowulf bin ich, Hygelaks Freund!«
Dies zu sagen, ließ er sich nicht lange bitten.
»Aus dem Gautenreich wir kamen.«

Rodgar antwortete: »Ich habe dich schon als Kind gekannt,
auch deinem Vater reichte ich die Hand.
Gar viele Geschichten werden über dich erzählt,
von Kämpfen, die du ausgetragen in der Welt!
Der Kraft deiner Faust gebühret Ruhm!
Ich hoffe, du kannst, was du dir vorgenommen,
für uns sieg- und segensreich auch tun!«

»Meinen Entschluss zu dir zu fahren,
hieß Hygelaks, mein König, gut.
Er kennt meine Kraft und meinen Mut
und weiß, dass ich schon manchen Kampf
mit Riesen und Ungeheuern bestand.
Ich bin sehr sicher,
so geschieht es auch in deinem Land!

Wir hörten, dass Grendels Wüten
die herrlichste Halle der Welt verödet.
Bestimmt ist er total verblödet!
So lass mich den Kampf
gegen diesen Unhold wagen,
darum möchte ich dich bitten und auch fragen!

Zuerst werden meine Genossen
deine verwahrloste Halle setzen instand
und dies mit eigener Hand.
Unsere Waffen legen wir darum ab.
Sie können uns im Kampf gegen den Riesen
leider nur helfen viel zu knapp.

Mein Kampf gegen ihn wird ohne Waffen stattfinden!
Meiner Fäuste Kraft soll meinen Sieg begründen!

Ich werde mit ihm kämpfen auf Leben und Tod.
Sei nicht besorgt um mein Leben!
Wollte es schon immer
für eine gute Sache geben!

Mag mich Grendel fressen im Moor,
wenn er mich besiegt, doch das kommt gewiss nicht vor!
Sollte ich unterliegen,
dann, oh König, sorge dafür,
dass Hygelaks meine Brünne muss kriegen.

In Wölund tat man sie einst schmieden.
Bei meinem Herrn Vater,
der sie mir vor langer Zeit schenkte,
soll sie dann für immer liegen!«

König Rodgar antwortete ihm: »Mich freut es sehr,
dass uns Hilfe wird
und dass du sie bringst Beowulf,
das freute mich noch viel mehr!

Auch dein Vater war ein gewaltiger Krieger,
genau so, wie du einer bist!
Ich kannte ihn und konnte ihm
einst gute Dienste leisten,
als er aus seiner Heimat vertrieben worden ist!

Wir schworen uns Freundschaft für alle Zeit
und nun bist du, sein Sohn, mir hilfsbereit!
Bist sicher der, der uns aus der Not befreit!

Jetzt aber setzt euch an meine festliche Tafel geschwind,
an der noch andere Helden sind.
Genießt die Speisen und Getränke.

Dass euch alles munden wird,
dies ich sicher denke.
Stärkt euren sieghaften Mut!
Dazu ist das feine Essen gut.«

Eine Bank wurde geräumt
und die Gäste setzten sich hin.
Alle Mannen begrüßten sie herzlich,
nur ein einziger hatte Streit im Sinn!

Hunferd dünkte sich der Erste
in seines Königs Schar zu sein.
Nun musste er seinen Platz räumen
und Beowulf nahm ihn sorglos ein.

Streitsüchtig fragte Hunferd:
»Bist du nicht der, der mit Breka
um die Wette schwamm
und das, wie ich meine, sieben Tage lang?
Hast dich tapfer geschlagen!
Und die Niederlage gegen ihn,
richtig heldenhaft ertragen!

Dein Kampf gegen Grendel wird viel schlimmer sein!
Hoffentlich bereust du nicht, dass du tratest in diese Halle ein!«

Beowulf tat ganz entspannt.
Solche Streitreden hatte er gut gekannt!
Er sagte: »Das Bier redet aus dir!
Darum kannst du nichts dafür!

Natürlich habe ich den Wettkampf dominiert!
Zudem sind neun Ungeheuer, die ich auf dem Wege traf,
durch meine Hand krepiert!

Hättest du den Mut, der sich in deinem Munde verbirgt,
so hätte der Riese Grendel, sein Leben längst verwirkt!«

Als das Essen begann, stieß Beowulf mit dem König an
und benannte seinen Leitspruch dann:
»Entweder den Feind töten oder sterben!
Ein anderes Resultat des Kampfes ist nicht zu erben!«

Danach brach die Nacht herein.
Unter Siegeswünschen sollte Abschied genommen sein.
Die Dänen gingen zu ihren im Palast versteckten Betten.
Beowulf aber hielt in der Halle Wacht,
um sie vor Grendel, dem Ungetüm, zu retten!

Rodgar aber sprach: »Keinem vertraue ich die Wacht an als dir!
Zeige deine Kraft und halte den Saal! Diesen Wunsch erfülle mir!
Ich hoffe, dich lebend wiederzusehn,
der Riese erleidet die Qual, fällt und vermag nicht mehr aufzustehn!«

Beowulf blieb mit seinen vierzehn Genossen zurück,
um den Saal zu hüten.
Ohne Brünne und ohne Schwert
wollte er Grendels böse Taten vergüten!

Seine Kameraden hieß er sich niederlegen
und streckte auch sich auf dem Lager aus.
Bald schliefen alle ein, ohne in der Hoffnung zu sein,
die Heimat gewiss wiederzusehn,
denn sie kannten sich mit Bösewichten, wie Grendel einer war,
besonders gut schon aus!
Nur Beowulf wachte und wartete auf den Feind!
Das war für alle wohl ein Segen!

Bald schon kam der Schattengänger aus dem Moore her,
durch die unheimliche Nacht geschritten!
Er ließ sich nicht lange bitten!
Mit seinem Finger tippte er die Tür des Saales an.
Leise, ganz leise, sprang sie auf sodann.

Feuer loderte in seinen Augen.
Sein Herz schrie vor lauter Gier!
Wieder war der Tisch ihm reich gedecket hier.
Nein, er mochte es kaum glauben!

Sofort griff er nach dem ersten schlafenden Krieger.
Brach ihm die Knochen, zerriss sein Fleisch und schlürfte sein Blut.
Ihn aufzufressen, tat ihm gut!
Gleich versuchte er es wieder!
Doch dem zweiten Versuche stand entgegen, Beowulfs großer Mut!

Das bekam das Vieh zu spüren,
als eine starke Faust die seine musste berühren!
Ein eiserner Griff hielt das Untier fest.
Es verstand sogleich, dass dieser Griff,
mit diesem gewaltigen Druck,
sich von ihm wohl nicht lösen lässt!

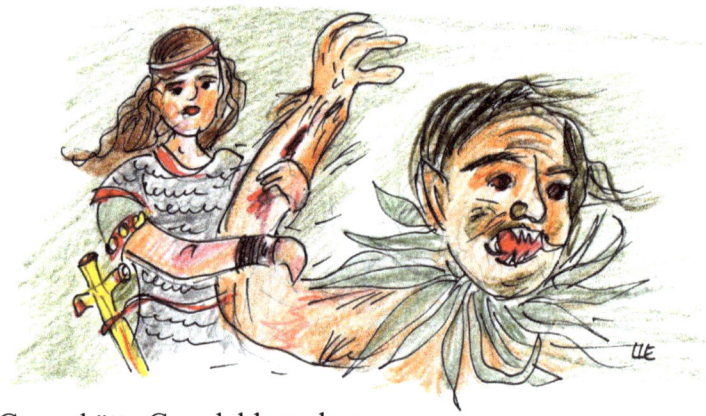

Gerne hätte Grendel losgelassen,
um nach der bösen Tat zu fliehn.
Doch der Held, der ihm entgegen stand,
ließ ihn nie mehr unbesiegt ziehn!

Er hielt ihn fest und drückte mit ganzer Kraft!
So hat er das Zerquetschen und Brechen
aller Finger des Untiers Klaue geschafft!

Heulend zerrte der Unhold, er wollte in das Moor zurück!
Doch damit hatte er kein Glück!
Denn alle Kämpfer waren erwacht.
Sie verabschiedeten ihn mit ihren Waffen,
wenn sie ihn auch nicht töten konnten,
so bekam er doch Prügel, eine gewaltige Tracht!

Beowulf hatte ihn wie mit einer gewaltigen Zange gepackt!
Ein jeder Knochen in des Unholds Armen knackt!
Das Untier zog und riss, bis seine Schulter gebrochen ist!
Die Sehnen und Bänder dehnten sich bis zum Zerreißen!

Dann endlich kam der Übeltäter frei. Beowulf ließ ihn reisen!
Dem tat er es gar sehr beweisen.
Den ganzen Arm riss er dem Riesen ab,
was wohl sein Ende nun ergab!

Er behielt den Arm als Pfand.
Hielt ihn in seiner rechten Hand.
Als Siegeszeichen wurde
der abgerissene Arm im Gebälk aufgehängt.
Jeder, der ihn jemals sieht,
Beowulfs siegreichen Kampfes gedenkt!

Kaum war die Sonne aufgegangen,
hat schon die Suche nach Grendel angefangen.
Man fand seine blutige Spur.
Sie verlor sich im tiefen Moor.
Das dunkle Moorwasser war von Grendels Blute voll,
was wohl den Tod des Riesen bezeugen soll!

So ritten sie zu Rodgars Halle zurück
und ein Barde, der unter ihnen weilte,
dichtete darauf ein viele Jahre gesungenes Stück!
Auf Beowulf wurden folgende Reime gemacht,
denn schließlich hatte er den Sieg vollbracht:

Ein Untier aus dem Moore kam
und König Rodgar seine Recken nahm!
Ja, es kam in jeder Nacht
und hat die Helden reihenweise umgebracht!
Sie aufzufressen, war es nicht verlegen!
Es fraß sie wohl seines Hungers wegen!

So zog in des Königs Halle Trauer ein!
Was das Vieh tat, war so gemein!
Keine Waffe dieser Welt,
die aus Stahl und Eisen hergestellt,
konnte das Untier im Kampf verletzen.
Seine Haut war dick und hart,
den Getreuen zum Entsetzen!

Doch dann kam Beowulf, der Held,
über das weite Meer gefahren.
Hatte von Rodgars Not erfahren.
Hielt Wache in der Halle, eine Nacht
und hat das Untier, dem nach Fressen war,
nur mit seinen Händen umgebracht!

Griff das Vieh und hielt es fest.
Der Druck seiner Hände gab ihm den Rest!
Doch es hörte nicht auf zu ziehn,
bis die Knochen sind gebrochen
und nach Blut hat es gerochen.
Des Untiers Arm riss er ab, dann ihm!
Fliehen konnte das Ungetüm wohl noch,
doch es starb gewiss in des Moores Loch!

Es blasen die Trompeten,
das Lied von Ruhm und Kraft!
Ein Hoch auf den Helden Beowulf,
der nur mit seinen Händen,
dem bösen Untier,
sein Ende hat gebracht!
Was den König glücklich macht!

Jetzt stand Hunferd stumm herum.
Er gedachte nun voller Scham
des Streites mit dem Helden
und fand sich selber wohl sehr dumm!

Der König aber sprach,
den Blick auf die, am Balken hängende,
abgerissene Klaue gerichtet,
darauf hat er in diesem Moment nicht verzichtet:

»Dank den Göttern und dem Retter,
den sie mir gesandt.
Nur durch seinen Mut und seine Kraft
hat er das Untier bezwungen, niedergerungen!
Ja, er allein hat das geschafft!

Der Arm, der dort am Balken hängt,
den jeder sieht, der seinen Blick hinlenkt,
ist Beweis genug und zeugt
von seiner großen Heldentat,
die Beowulf für uns vollbracht nun hat!

Ich liebe ihn, als wäre er mein eigener Sohn!
Einen jeden Wunsch erfülle ich ihm schon!
Aber sein schönster Lohn, ist der Ruhm, den er errungen!
Von diesem wird bestimmt in hundert Jahren noch gesungen!«

Nun wurde fröhlich geschmaust und auch gezecht.
Das war Beowulf und seinen Gefährten wirklich auch ganz recht!
Kampf macht hungrig, jeden Tag!
Dies ich hier zu sagen wag!

Der König reichte nun dem Sieger die kostbarsten aller Gaben!
Ein goldenes Banner, um es in jeden Kampf zu tragen!
Einen Helm und eine blanke Brünne,
um Körper und Haupt zu schützen, genau in diesem Sinne.

Ein herrliches Siegesschwert,
um den Feind zu schlagen,
ist nicht verkehrt!
Acht Rosse wurden hereingeführt,
mit Gold und Silber waren Sättel
und das Zaumzeug auch verziert!
Zum Ritte, dem Feinde entgegen!
Zur Flucht, falls man war unterlegen!

Auch Beowulfs Mannen wurden mit
stattlichen Geschenken bedacht.
Der, den der Grendel hatte umgebracht,
wurde mit Gold aufgewogen,
das man seiner Familie später gebracht!

Dann wurde musiziert, gegessen und getrunken,
wie es sich gebührt,
bis die Königin den Saal betrat.
Sie grüßte ihren Mann, den König.
Danach sie sich Beowulf zugewandt hat:

»Nimm als Dank für deine Tat,
dieses Festgewand aus Brokat,
mit reichem goldenen Zierrat!
Dich zu ehren, wird man singen!
Lieder über deine Taten in jedem Haus,
an jedem Herd erklingen!
Wo ein Meer trifft auf den Strand,
ist dein Name nun bekannt!«

In dieser Nacht sollten sich die Dänen
wieder ihres Saales freun,
das bleibt noch zu erwähnen!
Die hellen Schilde zu ihren Häuptern,
die Waffen neben sich, von Siegen träumend, so schliefen sie ein.
Und keiner ahnte, wie schnell doch Freude,
in Leid gekehret würde sein!

Denn mit Grendel zusammen
hat seine Mutter gelebt!
Das entsetzliche Moorweib,
dem Sohne an Bosheit gleich,
von Grimm und Hass erfüllt,
so furchtbar reich,
über des Sohnes Todeswunde
und von des geschehenen Kampfes Kunde,
sie nach weiter nichts, als nach Rache strebt!

Als sie wütend in des Königs Halle brach
und ihre hasserfüllten Verwünschungen sprach,
sind die Dänenhelden gleich erwacht,
haben Schwert und Speer in Angriff gebracht.
Sie wich zurück, weil sie
des Sohnes Schicksal hat gedacht!

Aber im Fliehen packte sie einen Kämpfer noch an,
den sie zum Fraße gebrauchen kann!
Auch Grendels Arm riss sie von der Wand,
an deren Balken er sich befand!
Mit doppelter Beute beladen,
rannte sie fort, um vielleicht im Moore zu baden?

Da war wieder Trauer am Königshof.
Der Tod seines besten Recken
musste Rodgar erschrecken!
Bald dröhnte die Diele
vom Abmarsch der Gauten,
dem der König und die Königin
hinterher nun schauten.

Beowulf der Held,
entbot dem Königspaare seine Gruß:
»Frieden und Freude!«,
nur weil er das wohl muss!

Der König sagte:
»Friede und Freude sind vorbei!
Den Helden verlor ich!
Schmerz empfinde ich dabei!
Im Kampfe hat er stets an meiner Seite gestritten!
Den Tod durch das zweite Ungetüm
hat er nun schmerzlich erlitten!
Es ist meine Schuld,
kann nur die Götter für ihn bitten!

Gerade hast du Grendel erschlagen!
Und nun brach ein anderes Ungetüm in meinen Saal!
Wann endet endlich diese Qual?

So ist es wahr, was die Bauern sagen,
zwei Ungeheuer hausen im Moor!
Das eine hart, einem Manne gleich,
das zweite ähnelt einem Weibe, weich!

In einem Pfuhl sollen sie leben,
der nachts vom Höllenfeuer glüht,
das wie Gewitter über Land und Meere zieht!
Auf dir, Beowulf, ruht unsere Hoffnung,
unser heiß ersehntes Glück!

Erschlage das zweite Untier,
und komme gesund zurück!
Ich werde meine Schatzkammer nicht schonen!
Mit Ahnenschätzen will ich es dir lohnen!«

Beowulf antwortete:
»Auf, mein König, nicht zur Klage!
Dafür bin ich mir zu schade!
Nur zur Rache trete ich an!
Nach kühner Tat, kein Tod mehr schrecklich sein kann!«

Sie folgten der Spur.
Der Unhold durfte in des Waldes Dunkel nicht entrinnen!
Drum musste ihre Suche gleich beginnen!

»Kein Platz soll für den Schuft in der Erde Abgrund sein!
Auch des Meeres Boden wird ihn nicht befrein!
König, heute magst du Tränen weinen!
Doch morgen wird die Sonne wieder scheinen!«

Und der König ließ es sich nicht nehmen!
Sprang auf sein Ross um die Helden zu begleiten
und gemeinsam mit ihnen gegen all das Unrecht zu streiten!
Bliebe er daheim, dann müsste er sich schämen!

Sie folgten der Fährte über schmale Felswege
und grün bewachsene Stege.
Dann kamen sie an dem fauligen Moore an
und sahen die kochende Flut des Pfuhles dann.
Alles ringsum war abgestorben,
Gräser, Bäume, Pflanzen ganz verdorben.

An jenem Abend sahen sie des toten Kameraden Haupt!
Das er eine Chance hätte, hat niemand wohl geglaubt!
Wie furchtbar das war, das ist zu gestehn!
Wie kann nur solch eine grässliche Tat geschehn?

An dem Pfuhle angekommen,
haben sie im Wasser wüstes Gewürm
und scheußliche Seedrachen wahrgenommen!
Beowulf wappnete sich ohne zu zaudern nun.
Er wusste genau, was er wollte tun:

Die von Wölund geschmiedete Brünne legte er an,
schnallte den Helm auf den Kopf sodann.
Nahm das Schwert in seine Hand,
das mit Blut gehärtet ward
und an dessen Schneide sich Gift befand!

»König, sollte ich fallen,
dann bitte ich dich sehr,
leiste meinen Treuen Hilfe,
gib mir dafür jetzt Gewähr!

Alles, was du mir schenktest,
soll meinem König Hygelak gehören.
Dies sollst du mir schwören!
Doch ich gedenke nicht zu fallen!
Ich werde siegen, das ist mein
größter Wunsch von allen!«

Dann stürzte er sich kopfüber
in den Pfuhl hinein.
Die Seedrachen, die ihn angegriffen,
schlug er kurz und klein!

Am Grunde des Pfuhls
fuhr ihm die alte Riesin
mordbegierig entgegen.
Mit ihren scharfen Klauen
griff sie nach ihm!
Nur die Ringe seiner Rüstung
bewahrten ihm sein Leben!

Weiter abwärts in die Tiefe wurde er von ihr gezerrt,
ohne dass er sich mit seinen Waffen,
die zur Verteidigung nichts taugen,
hätte sich energisch sehr gewehrt!

In der Behausung angekommen,
hat er wieder Luft zum Atmen bekommen!
Dort erblickte er das Moorweib erneut,
dass es schon auf ihn gewartet, hat ihn sehr erfreut!

Mit seinem Schwert griff er sie an,
wohl wissend, dass er damit nichts erreichen kann!
Die Moorfrau lachte, als hätte sie das erwartet.
Mit einem tückischen Griff
brachte sie ihn zu Fall!
Das passierte ihm zum ersten Mal!

Rittlings schwang sie sich auf seine Brust.
Sie versuchte, ihn mit ihrem Dolche zu erstechen!
Welch ein heimtückisches Verbrechen!
Doch seine Brünne fing den Stoß ab,
deren Dicke dies ergab!
Das hätte sie nicht geahnt und wohl auch nicht gewusst!

So ist er endlich freigekommen
und hat den Kampf wieder aufgenommen.
Am Boden sah er eines Riesen Schwert liegen.
Er dachte, nur mit solch einer Waffe,
kann man wohl die Riesen besiegen!

Er begann es mit beiden Händen zu schwingen.
Die Schneiden ein mörderisches Lied gleich singen.
In den Hals der Moorfrau ließ er es sausen.
Ihr Kopf fiel vom Rumpf, mit furchtbarem Brausen!

Da flackerte das Feuer gleich höher auf.
Mehr Licht in der Behausung nahm Beowulf gerne in Kauf!
So hat er auch den noch lebenden,
aber totwunden Grendel entdeckt,
der hatte sich seitlich an einer Wand versteckt.
Nun das Riesenschwert erneut zum Einsatz kam,
als der Recke dem Ungeheuer seinen Kopf und sein Leben nahm!

Die riesige Menge des Blutes der Ungeheuer
ist dick und zäh aus dem Saale geflossen.
Ein Strudel im Moorloch hat es an die Oberfläche gebracht.
Dort sahen es Beowulfs Genossen.
Ihr Anführer sei nun erschlagen,
der ihnen so lieb und teuer, das haben sie gleich gedacht!

Auch die Dänen gaben Beowulf verloren.
Sie sind mit ihrem König zurück in ihre Halle gezogen
und haben dort Rache geschworen.

Aber Beowulf Schar harrte weiter am Moorloch aus.
Als schon ihre Hoffnung schwand,
so doch sie ein Rest der Zuversicht,
an diesem Orte weiter band!

Der Kampf hatte länger gedauert als gedacht,
diese Erfahrung hat Beowulf alsbald gemacht.
Nach dem Kampfe er weiter in der Moorwelt verweilt,
weil er alles betrachtet und sich nicht beeilt!

Als sein Werk dann war geschehn,
musste er noch mit ansehn,
dass das Blut der Bösen
die Klinge des großen Schwertes schmelzen lässt,
als wäre es Eis in der Frühlingssonne gewesen.
Das gab ihm fast den Rest!

Nur des Schwertes Griff in seiner Hand war ihm noch verblieben!
Dann fasste er nach Grendels Haupt und ist mit beiden Dingen
aus dem grausigen Abgrund aufgestiegen!

Lange, lange musste er sich mühen,
bis sein Kopf aus dem Moorwasser auftauchte
und er dieser Plürre konnte entfliehen!
Mit der Siegesbeute ist er an das Ufer geschwommen,
wo ihn seine Gefährten wieder dankbar
in ihrer Mitte haben aufgenommen.
Nach tiefem Leid, das sie bewegt,
waren sie nun wieder freudvoll sehr erregt!

Im Triumph führten sie den Helden heim.
Doch Grendels Kopf zu tragen,
das schaffte keiner ganz allein!
Sie durchbohrten ihn mit einer Lanzenstange
und vier der Stärksten trugen ihn ganz lange,
bis ein Wechsel dann stand an
und vier neue Träger packten die Stange
mit dem riesigen Schädel an!

So kamen sie, das grässliche Beutestück schleppend,
in der Hirschburg an,
betraten den großen Saal sodann,
wo jeder die Zeichen des Sieges erblicken kann!

Beowulf sprach zum König:
»Des Grendels Kopf, den bringe ich dir.
Geschlagen ist das Ungetier.
Seiner Mutter ging es genau wie ihm!
Wer so viel Böses tut, dem wird nicht verziehn!

Des Riesenschwertes lange Klinge,
ich leider dir heute nicht bringe!
Sie schmolz im heißen Blut der Ungeheuer.
Nur des Schwertes Griff konnte widerstehn!
Darum wir ihn nun als Zeugnis sehn!

Du magst nun, oh König, mit deinen Genossen
sorglos schlafen gehen,
in der schönsten aller Hallen,
die ich im Leben je gesehn!«

So wurden nun dem König Rodgar
die beiden Siegesbeweise überbracht.
Der eine schwer:
des Untiers Kopf, der abgeschlagen.
Der andere leicht:
des Schwertes Griff!
Er ward gemacht, um das Schwert zu tragen
und um mit ihm im Kampfe
zu stechen und zu schlagen!

Der Griff, ein Wunderwerk der riesischen Schmiedekunst,
reich verziert mit eingeritzten Runen.
Durch ihn erlangte Beowulf
des Königs ganz besondere Gunst!

Der König setzte nun zu einer Rede an:
»Nie ward ein größerer, ein besserer
Held geboren, als du Beowulf es bist!
Mögest du lange leben
und zum Heile aller Bedürftigen streben,
so wie es bei mir geschehen ist!
Nach traurig umwölkter Nacht
hast du meinem Herzen
die Freude wieder zurückgebracht!«

Nun machten sich die Gauten zur Heimfahrt bereit.
Alles, was sie sich vorgenommen hatten,
erfüllten sie im Kampfe
und das war keine Kleinigkeit!
Beowulf und Rodgar gelobten sich Treue für alle Zeit!

»Lang lebe dein König Hygelak!«,
sprach Rodgar zum Schluss.
»Begäbe es sich aber,
durch des Schicksals Willen,
dass er vor dir durch Eisen
oder Krankheit fallen muss,
so könnten die Gauten wohl keinen
besseren Thronfolger finden,
als dich, Beowulf!
Ich wäre bereit, dies vor dem Thing,
für dich einst zu begründen!«

Zwölf kostbare Kleinode reichte er Beowulf als Geschenke dann,
umarmte und küsste ihn, von Mann zu Mann!

Beowulfs Schiff flog nun, vom Winde getrieben, vondannen!
Mit ihm fuhren seine übrig gebliebenen Mannen.
Dreizehn Gefährten reisten mit ihm heim.
Ein einziger verlor sein Leben. Wir gedenken seiner allein!

Hygelak empfing den Freund mit hohen Ehren.
Zum Hochsitz wurde er vom König geführt.
Das hat sein Herz und seinen Stolz berührt!

Die Königin schenkte gar selbst
den Wein ihm ein,
und sprach:
»Gut, dass du zurückkehrtest!
Mit dir werden wir viel sicherer sein!«

Nun begann Beowulf Rodgars Ehrengaben
sehr freigiebig zu verteilen.
Langsam und sehr festlich tat er das
und mochte dabei lang verweilen:

Seinem König schenkte er
den Helm, die Brünne und das Schwert.
Dazu vier Apfelschimmel,
stolz und ehrenwert!

Seiner Königin aber, bot er den goldenen Halsring dar.
Über drei reich gesattelte Rappen,
sie ganz besonders glücklich war!

Doch auch Beowulf sollte reich beschenket sein.
Hygelak schenkte ihm sein herrliches Erbschwert
und setzte ihn damit wohl,
als seinen Nachfolger ein!

Mit Land und Leuten wurde Beowulf reichlich bedacht,
was ihn zu einem Landesfürsten macht!
Der throngeborene Fürst, der der König ist,
machte den Recken sich gleich!
Er teilte fortan mit ihm die Herrschaft
und die Macht im großen Gautenreich!

UND DIE MORAL VON DER GESCHICHT':

Lass kein Unrecht je geschehn!
Sollst für Recht und Sitte
alle Zeiten stets einstehn!
Streite für die Gerechtigkeit
und habe auch Erbarmen!
Hilf den Schwachen,
hilf den Armen!
Mache dir Freunde
und sei ihnen gut.
Beschütze sie mit deiner Kraft
und mit deinem Mut!

DIE STAMMBÄUME

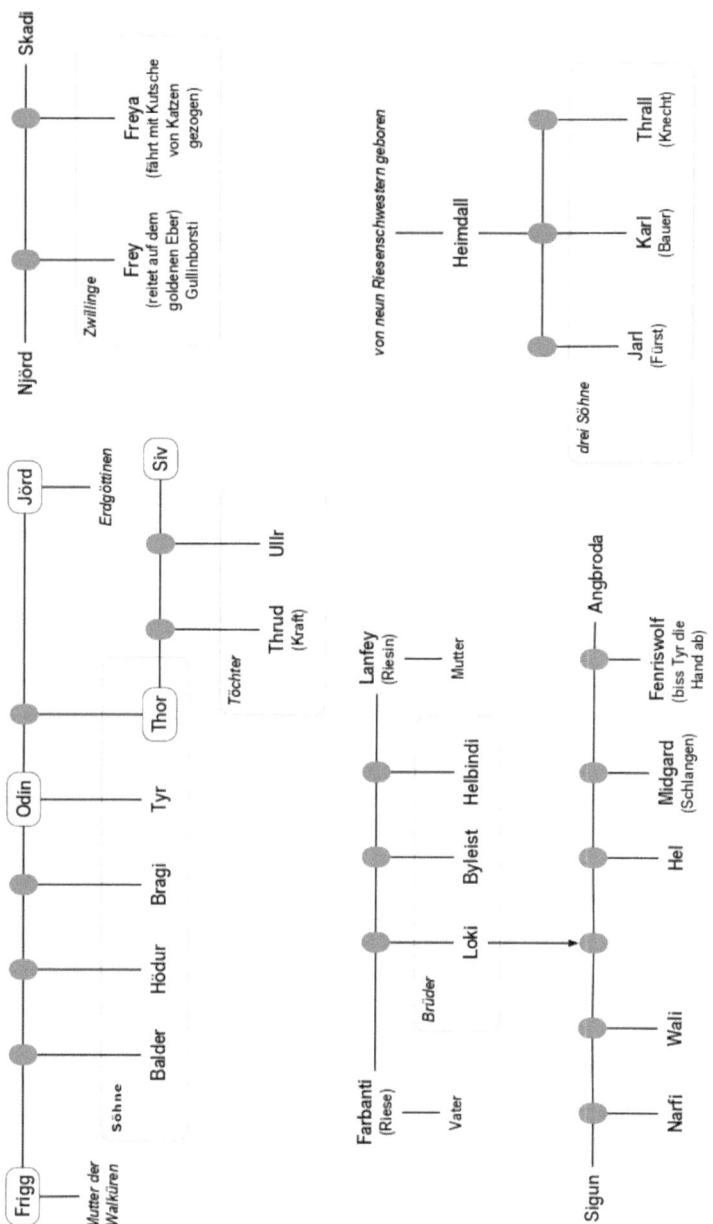

285

DIE AUTOREN

*Der Autor **Theodor Nebl** hat in seiner beruflichen Tätigkeit eine Reihe wissenschaftlicher Lehrbücher verfasst.*

Zur Freude seiner Kinder, Enkel und aller an Märchen interessierten Leser wechselte er vor einiger Zeit das Genre. Nun widmet er sich den Märchen aus aller Welt. Er erzählt die Märchen neu und setzt sie in Reime. So entstand frei nach den Gebrüdern Grimm unter anderem die zehnbändige Reihe »Gereimte Märchen« und zuletzt die Titel »Geschichten aus der Bibel« sowie »Das Glücksei und die weiße Schlange«.

YouTube-Kanal: Opi Theos gereimte Märchen
https://www.youtube.com/channel/UCddcAPEajaTxFLG-dOKUn1g

***Uta Ehlers** illustriert seit Jahren als freischaffende Künstlerin die Kinderbücher des Autors. Jedes Ihrer Bilder ist ein Original, das in Handarbeit entsteht. So entwickelte sich eine enge Zusammenarbeit.*

Beide leben und arbeiten in Bad Doberan.

BISHER ERSCHIENEN SIND

  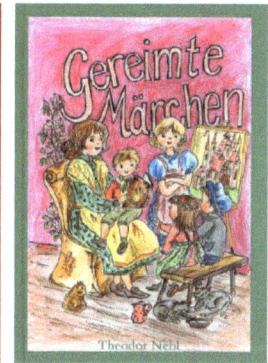

  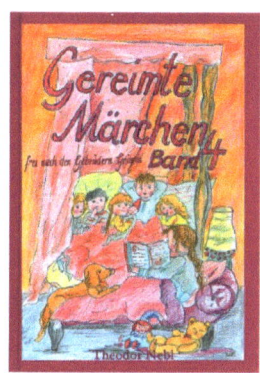

ISBN 978-3867854405

287

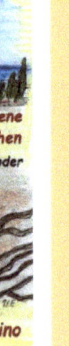

ISBN 978-3867854696

ISBN 978-3748147114

ISBN 978-3751990073

ISBN 978-3750437760

ISBN 978-3753459240

ISBN 978-3754322307

ISBN 978-3755713630

ISBN 9783755738916

ISBN 9783756201426

ISBN 9783755733812

ISBN 978-375784499 8

ISBN 9783759776242

ISBN 978 3758 36515 7

ISBN 9783759776884

ISBN 9783769303988

ISBN 9783769351668   *ISBN 9783769303988*   *ISBN 9783769354812*